이인혜의
꿈이 무엇이든
공부가
기본이다!

이인혜의
꿈이 무엇이든
공부가
기본이다!

이인혜 지음

살림Friends

이 책을 읽는 독자에게

공부 스타일링으로
꿈을 완성하자

어제 새벽까지 지방에서 드라마 촬영을 하고, 낮부터 서울 스튜디오에서 예능 프로그램을 녹화했다. 저녁 무렵 녹화가 끝나자마자 달려간 곳은 학생들이 기다리고 있는 대학교. 3학점짜리 수업을 마치고 잠시 시내에 들러 잡지사 미팅 겸 인터뷰를 했다. 집에 돌아와 옷을 갈아입고 책상 앞에 앉자 자정이 가까운 시간이다.

  피곤할 법도 하지만 오히려 기운이 생긴다. 지금은 내가 일주일 내내 기다려 온 시간이니까. 나는 피곤하고 힘들 때마다 하고 싶은 일들을 떠올리면서 오히려 더 많은 일을 만들어서 하곤 했다. 피곤할수록 꿈을 생각하고 하고 싶은 일들을 생각했으며, 그럴수록 더 많은 일을 만들고 더 많은 일을 해내고자 했다. 말하자면, 이것은 내 꿈을 위한 나의 '스타일링'이다.

　사람마다 각자만의 스타일이 있다. 힘들면 무조건 쉬다가 다시 힘을 내서 일을 하는 사람, 힘들수록 자신을 더 몰아치는 사람, 힘들면 어딘가로 훌쩍 떠나 버리는 사람 등 대한민국에 4,800만의 사람이 있다면 4,800만의 스타일이 있다. 그러므로 결국 중요한 것은 나는 어떤 스타일의 사람인지를 파악하고, 나를 어떤 사람으로 스타일링할 것인지를 고민하는 것이라고 생각한다.

　그래서 나는 '스타일'이라는 키워드로 책을 쓰기로 했다. 오랫동안 여러 가지 일을 병행하고 목표를 좇으면서 나를 스타일링했던 노하우를 토대로 공부법을 정리하려고 한다.

　공부법과 스타일. 어울리지 않아 보이는 이들 사이에 어떤 연관이 있다는 말인가. 나는 스타일이라는 키워드를 통해 두 가지를 말하고 싶다.

　첫째, 공부를 잘하기 위해서 무엇보다 최우선적으로 알아야 하는 것이 자신만의 스타일이라는 점이다.

　이 책의 맨 앞에는 나의 어린 시절 이야기를 적을 것이다. 어린 시절을 돌아보는 것이 중요한 이유는, 자신의 성격과 성향을 잘 알아야 자신만의 스타일을 찾을 수 있기 때문이다. 지금은 방송 활동을 비롯해 여러 가지 일을 활발하게 하고 있기 때문에 사람들이 쉽게 상상하지 못하지만, 어린 시절의 나는 극도로 소심하고 매사에

자신감이 없는 아이였다. 그것이 나의 타고난 성격이었다. 한편 나는 칭찬을 듣고 인정받고 싶은 욕심이 누구보다 많은 아이였다. 그리고 그러한 동기가 주어지면 목표를 향해 맹렬해졌다. 적절한 동기부여에 따라 능력이 배가 되는 것, 그것이 나의 성향이었다.

　나의 성격과 성향을 가장 먼저 알아본 것은 엄마였다. 당시에는 깨닫지 못했지만 엄마는 가뜩이나 소심한 내가 더 위축되지 않도록 억지로 무언가를 시키려 하지 않았으며, 더 잘하라고 다그치지 않았으며, 못한다고 꾸중하지 않으셨다. 나의 스타일을 존중한 엄마의 교육법 덕분에 나는 소심하고 소극적인 성격을 조금씩 고쳐 나갈 수 있었다. 나는 내가 좋아하는 일을 부단히 탐색하고 내가 잘할 수 있는 일을 확실히 깨우치며 그 안에서 목표를 찾아 끈기 있게 노력하는 아이가 되었다.

　나의 성격과 성향에 맞는 긍정적인 방법이 마련된 후부터, 나만의 스타일을 완성하는 것은 오로지 나의 몫이었다. 자기 자신을 잘 알면, 자신에게 유효한 노하우를 깨우치고, 최적화된 계획을 세우고, 난관에 닥칠 때마다 스스로 동기를 부여하는 일도 훨씬 쉬워진다. 그래서 자기 주도적 학습을 위한 필수 조건은 무엇보다도 우선적으로 자신의 스타일을 제대로 파악하는 것이다.

　둘째로, 공부를 잘하는 것이란 바로 '멋있게' 공부하는 것이라는 이야기를 하고 싶다. 억지 노력으로는 결코 성적이 오르지 않기 때문이다. 공부에 빠져들기 위해서는 반드시 멋지고 근사한 동기를 지녀야 한다.

우리는 흔히 멋진 사람을 가리켜 '스타일리시'하다고 말한다. 자신에게 잘 어울리는 패션을 창조해 근사함을 내뿜는 사람을 표현하는 말이다. 공부에도 같은 논리가 적용된다. 자신에게 적합한 방법으로 깊이 몰두하는 사람은 언제나 자신에게 주어진 시간을 구체적으로 계획하고 철저하게 관리하며 치열하게 집중한다. 이런 사람은 권태로운 들러리가 아니라 언제나 자기 인생의 주연으로서 오늘을 산다. 멋있다는 것은 바로 그런 모습을 말한다.

나의 학창 생활에서 특이했던 점은 방송 활동과 학업을 병행했다는 것이다. 그 때문에 늘 시간이 부족했다. 학교 수업에도 꾸준히 나갈 수 없었고 심지어 잠잘 시간도 늘 부족했다. 그럼에도 불구하고 내가 방송과 학업 중 어느 것도 포기하지 않고 계속했던 것은, 다름 아니라 나의 인생을 멋있게 살려는 노력 덕분이었다고 말하고 싶다.

공부를 잘하는 것이란, 공부를 억지 노동을 하듯 꾸역꾸역하는 대신 자신의 인생을 멋있게 가꾸는 과정으로 삼는 것이다. 그것이 바로 스타일을 만드는 것, 바로 스타일링이다. 나는 제2부에서, 내가 연구하고 실행했던 공부 스타일링 노하우들을 소개할 것이다. 제2부의 구체적인 방법들은 내가 여러 시행착오를 통해 얻은 것들이다. 그 노하우들을 활용해 여러분도 꼭 자신의 공부를 멋지게 스타일링하기를 기원한다.

제3부는 청소년 친구들과 도란도란 이야기를 나누는 사랑방이 되었으면 한다. 가슴 설레는 꿈을 키워 가는 여러분을 응원하는 공간이 되었으면 한다. 그리고 내가 누군가에게 조언을 할 정도로 대단한 사람이 아닌 것을 알면서도, 청소년 친구들에게 꼭 강조하고 싶은 말이 있다. 그 한 가지는, 지금 품고 있는 꿈이 무엇이든 결코 공부를 포기하지는 말라는 것이다. 공부는 선택이 아니라 기본이다. 어떤 경력을 얻기 위해서든, 특히 앞으로의 인생을 멋지게 이끌어 나가기 위해, 공부로 쌓은 소양은 언제나 든든한 지원군이 되어서 여러분의 가치를 높여 줄 것이기 때문이다. 그리고 또 한 가지, 화려한 스포트라이트를 꿈꾸기 전에 자기 안의 재능이 어둠 속에서 빛이 바래지 않도록 관심을 주는 것이 우선이라는 말을 전하고 싶다. 화려한 스포트라이트를 받기를 꿈꾸기보다는, 우리는 누구든 자신의 보석을 비출 스포트라이트를 스스로 만들어 내는 사람이 되어야만 한다는 점을 말해 주고 싶다.

사람들이 나에게 '엄친딸'이라는 수식어를 붙여 주었다. 하지만 그것은 내가 내세우고 싶은 타이틀이 아니다. 나는 그보다 내 삶의 '작은 성공'들을 말하고 싶다. 겁 많고 소심하여 사람들 속에서 한 걸음도 나서지 못하던 아이. 그랬던 내가 점차 자신감을 찾고 욕심을 갖게 된 것은, 스트레스와 부담에서 벗어나 스스로 즐거움을 찾아내도록 나를 이끌어 준 엄마의 교육법과 그 배움을 토대로 언제 어떤 일을 하든 스스로 동기를 부여하고 최대한 욕심을 끌어냈던 나의 악착같은 노력 덕분이었다. 나는 '큰 성공'을 좇는 것보다 '작은 성공'을 제대로 이루는 것의 가치를 일찌감치 확인했다고 할 수 있다. 잠잘 시간 없이 방송 활동에 매진하면서도 목표로 한 학업 성적을 낼 수 있었던 것은 다름 아니라, 나를 위해서 나 스스로 설정한 목표 달성을 위해 매 순간 긴장을 놓지 않았던 열정 탓이라고 믿는다.

성공은 다름 아니라 자기 자신을 가꾸는 기술이다. 때문에 우리는 언제나 스타일링이 필요하다. 어린 시절부터 학업과 일을 병행하는 바쁜 시간표를 따라 살면서도 지치는 일도, 포기하는 법도 없었던 나의 이야기를 적기로 한 것은, 무엇보다도 내 경험과 노하우로 이제 막 스스로의 재능을 고민하며 자신의 삶을 계획하려는 친구들을 응원하고 싶어서이다. 자, 이제 당당한 자기 인생의 주연으로 공부 스타일링을 시작하자!

2010년 5월
이인혜

| 차례 |

이 책을 읽는 독자에게 공부 스타일링으로 꿈을 완성하자 • 4

제1부 먼저 나만의 스타일을 파악하라

- 욕심이 크면 꿈도 크다 • 18
- 열정을 당당하게 표현하라 • 27
- 작은 일에도 열성을 다하라 • 33
- 성공의 시작은 좋은 친구관계 • 40
- 공부는 삶을 더 단단하게 한다 • 46
- 오기와 끈기로 무장하다 • 56

- 부모는 자녀의 수호천사
: 임영순 교수(이인혜 어머니)가 자녀를 둔 부모님들께 드리는 조언 • 62

  재능은 키울수록 커진다 • 62   아이 성향 파악하기, 아이 성격 길들이기 • 64   아이와 친구 사이의 다리가 되어 주기 • 67   때로는 부당한 일도 참을 줄 알아야 한다 • 68   좋은 취미는 평생의 친구가 된다 • 69   아이에게 정서적인 안정을 주어라 • 71   결과보다 과정을 중요시하는 교육 • 73   진솔한 교감을 나누는 부모 자식의 관계 • 74

제2부 성적을 올리는 공부 스타일링 노하우

- 요령이 있으면 공부가 쉬워진다 • 78
  동기를 부여하는 이미지 메이킹 공부법 • 81 공부효율을 높이는 시간 활용법 • 83 악바리가 되는 것도 방법이다 • 85

- 공부 스타일링 #1 동기부여 노하우 • 88
  취향을 입히면 공부 습관이 붙는다 • 90 딱 한걸음 앞의 목표를 떠올려라 • 92 체력으로 의욕을 높혀라 • 94 경쟁도 좋은 약이다 • 95

- 공부 스타일링 #2 시간 관리 노하우 • 98
  공부 분량보다 공부할 시간을 정하라 • 99 매일 아침마다 꼼꼼히 타임스케줄을 짜라 • 101 시험 전 막판 대비 요령 • 102 방학을 이용한 선행학습 요령 • 105 혼자 소화하는 시간을 가져라 • 107 자투리 시간 활용이 바로 경쟁력 • 108

- **공부 스타일링 #3** 암기 노하우 • **110**
  우선은 차분한 마음으로 소리 내서 읽어 보자 • 111   1인 2역 암기법 • 114   암기는 내 상상력을 타고 • 116   암기 후에는 혼자 곱씹는 시간이 필수 • 118
  [연기가 공부보다 싫은 점] • 120

- **공부 스타일링 #4** 노트 필기 노하우 • **122**
  학년별 노트가 아니라 과목별 노트를 만들어라 • 124   친구의 노트를 엿보라 • 125   한 곳에만 필기하라 • 127   가급적 한 가지 펜으로만 적어라 • 128   때로는 부연 설명이나 주변 상황도 필기하자 • 131

- **공부 스타일링 #5** 영역별 핵심 정복기 • **134**
  언어 영역 정복기 • 136   수리 영역 정복기 • 140   외국어 영역 정복기 • 144   탐구 영역 정복기 • 150

- **공부 스타일링 #6** 이것만은 반드시! • **156**
  이동 시간이나 자투리 시간에는 귀로 공부하자 • 156   과목별, 단계별로 공부 잘되는 아지트가 다르다 • 158   자기에게 맞는 문제집을 고르자 • 160   오답 노트를 120퍼센트 활용하는 노하우 • 161
  [촬영장에서 익힌 공부 노하우] • 163

제3부 멋진 미래를 향한 도약

- 언제나 초심으로 돌아가라 • 168
- 2인자의 가치를 배워라 • 174
- 삶의 현명한 조언자, 멘토 • 180
   [대학 가면 뭐가 좋을까?] • 184
- 인생의 고비를 넘기기 위하여 • 186
- 배우 생활이 알려 준 지혜 • 192
   [인혜의 뷰티 스타일링!] • 206
- 꿈이 무엇이든 공부가 기본이다 • 208

감사의 말 • 214

01 먼저 나만의 스타일을 파악하라

자신에게 맞는 공부법은 따로 있습니다. 모든 이에게 절대적으로 효과적인 공부법을 믿기보다 자신만의 공부법을 완성하는 것이 중요합니다.
　　자신만의 공부법을 찾기 위해서는 먼저 자신의 스타일을 파악하고 분석해 보아야 합니다. 그러기 위해서는 어떻게 해야 할까요? 일단 여러분의 일상을 돌아보세요. 내가 어떤 성격과 성향을 지녔으며, 무슨 재능이 잠재되어 있는지 살펴보는 것입니다. 그것을 통해 자신이 좋아하는 것, 자신이 잘하는 것을 찾고 자신을 어떻게 스타일링할지 계획해 봅시다.

episode #1

"그걸 어떻게 들겠다고……. 안 돼, 안 돼."
고구마가 밖으로 삐져나올 정도로 가득 차 있는 내 자루를 보고 인솔을 맡은 선생님께서 고개를 가로젓는다. 그곳은 유치원에서 현장학습을 위해 찾아간 고구마 농장이었다. 나는 하나씩 주어진 자루에 고구마를 맘껏 담으라는 선생님의 말을 듣고는 열심히 고구마를 모았다. 자루에 가득 차도록 담긴 담았는데, 문제는 그걸 들 수가 없다.
"못 든다니까? 절반은 덜어야겠다."
"가져갈래요."
"네 덩치만한 걸 어떻게 들고 가니?"
"……."
나는 고구마를 좋아하지 않는다. 그런데도 왜 그렇게 욕심을 부렸을까? 아이들 중에서도 키가 작은 편이던 나는 덩치만 한 자루에 꽉 채운 고구마를 단 하나도 포기할 수 없다며 자루를 들고 낑낑거렸다. 사람들은 그런 내 모습이 안쓰러우면서도 우스웠나 보다.
"하하하, 인혜야, 집에 안 갈래?"
유치원 버스가 출발하려고 기다리고 있었다. 다른 아이들은 고구마 대여섯 개씩을 자루에 담은 채 가벼운 걸음으로 버스에 올라타고 있었다. 나도 결국엔 고구마를 절반이나 덜어 놓았지만 그것만으로도 상당히 많은 양이었다. 나는 땀을 뻘뻘 흘리며 고구마 자루를 질질 끌면서 간신히 버스에 올라탔다.

episode #2

'에이, 처음이니까…….'
사실 스무 번도 넘게 똑같은 동작을 반복하고 있었다.
'어? 왜 이러지?'
다시 한 번 호흡을 크게 하고 나서 발을 굴렀다. 하지만 이번에도 줄넘기가 탁 하며 발에 걸렸다.
초등학교 1학년 체육 시간, 옆의 친구는 한 번도 쉬지 않고 50번 넘게 줄을 뛰어 넘고 있었다. 그 옆의 친구가 하고 있는 것은…… 저건 설마 가위뛰기? 나는 기껏해야 세 번 구르는 정도였다. 더 이상은 해도 안 되는 것을 알고 낙담하며 줄넘기를 내려놓으려는 데 마침 들려오는 선생님의 말씀.
"다음 주 이 시간에 시험을 치른다. 2분 안에 70개를 구르면 '수'를 받는다. 알겠지?"
그날부터 고된 심야 훈련이 시작되었다.
숨은 헉헉거리고 종아리는 땡땡했다.
구름에 가리는 달을 눈으로 좇으며 나는 각오를 다졌다. 비장한 혼잣말.
"인혜야, 고생이 많다……. 하지만 '수'를 받기는 원래 힘들어."
일주일간의 맹연습 후 드디어 시험 날이 되었다. 나는 몇 개를 구르고 있는지를 세지도 듣지도 못한 채 줄넘기에 혼연일체가 되었다.
"잘했다."
"'수' 인가요?"
"응, 전교에서 젤 잘한 것 같은데?"

욕심이 크면
꿈도 크다

앞의 이야기들을 들려주면 사람들의 반응은 한결같다.

"너, 엄청 욕심쟁이구나?"

그런데 그 말은 반만 맞는 말이다. 나는 사람들에게 이렇게 고백하곤 한다.

"아냐, 나 엄청 소심쟁이야."

나는 어릴 적부터 상당히 소심한 성격이었다. 자신감도 많이 부족했다. 지금도 내 안에는 그런 면이 남아 있다. 유치원 시절, 한 번은 선생님께서 "아침밥 먹고 온 사람 손들어 봐요?"라고 물으시는 데, 나는 아침밥을 먹었으면서도 손을 들지 못했다. 손을 드는 일이 쑥스러웠기 때문이다. 어릴 적 나는 친구들 사이에서 한 걸음도 앞으로 나서질 못했다. 내가 아주 잘 아는 내용이어도 사람들 앞에서 말 한 마디 떼려면 상상을 초월하는 용기가 필요했다. 심지어는 누가 질문을 해도 대답할 생각조차 못하는 정도였다.

하지만 이렇게 소심한 성격에도 불구하고 내 안에는 늘 욕심이 있었다. 잘하고 싶은 욕심. 맡은 일을 누구보다 훌륭하게 하고 싶은 욕심. 거창하게 말하면 소심한 내 안에는 남모르는 열정이 숨어 있었다.

나의 타고난 성격과 내가 가진 성향 사이에는 큰 차이가 있었다. 사람들과 함께하는 것을 좋아하고 나서서 멋지게 해내면 뿌듯하고 좋은 말을 들으면 더 잘하고 싶어지는 게 내 성향이었다. 나는 내게 주어진 일을 누구보다도 잘하고 싶었다. 그런데 내 성격은, 고백한 대로 천하에 둘도 없는 소심쟁이였다.

어린 시절, 소심함을 타고난 나는 내 안에다 욕심들을 깊숙이 감춰 두기만 했다. 그런데 좀 더 자라서, 본격적으로는 초등학교 3학년 때부터는 의욕이 가득한 모습을 보이기 시작했다. 소심함을 밀어내고 욕심과 열정을 표현하기 시작했다.

돌이켜 보면 그 시간 사이에는 중요한 계기들이 있었다. 특히 나에게 큰 변화를 일으킨 것은 바로 초등학교 1학년 때의 '웅변'과의 만남이었다.

"이 연사 힘차게……"

초등학교 1학년 때, 나는 친구네 집에 놀러갔다가 처음 웅변하는 모습을 보게 되었다. 친구는 내가 놀러왔는데도 나에게 눈길도 주지 않은 채 잔뜩 힘이 들어간 목소리로 정면을 향해 외치고 있었다.

"…… 외칩니다!"

친구가 웅변 원고를 다 읽자 친구의 어머니가 다가와 체크해 둔 것을 하나씩 짚어 주었다.

"여기에서는 한 번 쉬었다 읽고, 여기에서는 손을 앞으로 들어야지."

친구는 그만하고 싶은지 자꾸 얼굴을 찡그리고 몸을 비비 꼬았다. 원고를 한 번 다 읽고 쉬는 때마다 연신 툴툴거렸다. 하지만 친구는 얼마 후 웅변대회에 나가기로 한 탓에 어머니가 곁에서 엄하게 감독하시는 듯했다.

"넌 좋겠다."

"왜?"

"웅변 안 하니까."

친구는 내가 부러웠나 보다. 그런데 나는 오히려 친구가 부러웠다. 저 눈빛, 손짓, 멀리까지 뻗어나가는 목소리……. 나는 친구의 원고를 슬쩍슬쩍 엿보면서 친구가 하는 모습을 속으로 따라했었다.

인혜는 소심한 욕심쟁이.

나도 웅변할 테다!

나의 파트너, 오빠와 함께~

친구의 집에서 웅변하는 모습을 처음 본 후, 나도 웅변에 관심이 생겼다. 그리고 일 년 후 나에게도 기회가 왔다.

"여기 한 마리의 양이 있습니다."

드디어 시작이다. 나의 웅변 데뷔 무대.

나는 원고를 통째로 외웠었다. 그리고 중간 중간 선보일 손동작도 모두 외웠었다.

'어……. 뭐였더라……!'

철저히 준비했는데도 이어지는 문장이 갑자기 떠오르지 않았다. 이를 어쩌지!

"그래서 양은 고개를 쭉 내밀고 언덕을 두리번거렸습니다."

아싸, 천만다행이다. 나는 양처럼 고개를 쭉 빼며 두리번거리는 동작을 하면서 자연스럽게 이야기를 이어갔다. 동화 구연하듯 구성진 목소리를 연기했다. 방금 한 부분이 내가 즉석에서 지어낸 내용인 것을 아무도 모르는 것 같다. 친구들도 깔깔거리며 열심히 들어 준다.

재미있다. 그리고 근사하다.

일 년 전 친구의 웅변을 본 후에 나도 곧 웅변을 배우기 시작했다. 내 웅변은 우렁찬 연설이라기보다는 감칠맛을 살린 구연에 가까웠다. 그런데 목소리 연기와 손짓 연기를 곁들이는 게 호소력 만점이었다. 나는 이내 반 대표를 맡은 후, 금세 학년 대표로, 그다음에는 학교 전체 대표로, 다시 과천시 대표로 뽑혀서 대회에 불려 다녔고, 그러다가 결국에는 경기도 대표가 되었다. 실로 웅변의 시절이었다. 그때 내 별명은 조금 민망하지만 '웅변녀'였다!

웅변대회에 나가게 되면서 나는 자연스럽게 나를 표현하는 법에 익숙해졌다. 사람들이 내 이야기를 어떻게 들을지에 대해서도 고민하게 되었고, 남들 앞에 나서야 하는 상황에서 느꼈던 수줍음도 점차 줄어들었다. 웅변으로 나를 표현하는 훈련과 경험이 아마도 마음 깊은 곳에 있던 나의 욕심, 뭐든 잘하고 싶다는 그 욕심과 누구보다도 훌륭하게 하고 싶다는 마음을 보다 강하게 만들어 준 듯하다. 나는 그 덕분에 소심하던 성격을 조금씩 긍정적으로 변화시킬 수 있었다.

이제와 곰곰이 생각해 보면, 내가 웅변을 시작한 것은 엄마의 비밀스러운 작전이었던 것 같다. 수줍음 때문에 하고 싶은 말도 잘 표현하지 못하고, 자신감이 부족해서 해 보고 싶은 일에도 선뜻 용기 내지 못하며, 늘 남보다 내가 부족하다고만 느끼는 소심한 성격을 조금이나마 개선해 주고 싶으셨던 게 아닐까? 그렇다면 엄마의 비밀 작전은 효과 만점이었다. 나는 그 이후부터는 보다 활발하게 스스로 재미와 동기를 찾아내 열정을 쏟는 아이가 되었다.

그리고 나를 도와준 또 한 사람! 바로 경쟁자이자 늘 훌륭한 파트너가 되어 준 오빠가 있었다. 수영의 천재 박태환 선수도 그가

금메달을 타기까지 뒤에서 함께 운동을 해 준 같은 선수 출신의 파트너가 있었듯이, 오빠는 나에게 올바른 승부욕을 길러 주는 동시에 훌륭한 연습 상대가 되어 주는 파트너였다.

나는 초등학교 때 '웅변녀'로 통하며 각종 대회에 불려 다니는 실력이었지만 실제로 웅변 학원은 근처에도 가 본 적이 없었다. 그래서 웅변 특유의 어조나 딱 떨어지는 웅변 원고 작성하는 요령은 남들에 비해 부족한 편이었다. 대신 나는 늘 내 웅변을 들어 주며, 사람들 앞에서도 긴장하지 않고 편하게 연설할 수 있도록 항상 시범 상대가 되어 주는 오빠 덕에 나만의 스타일을 완성할 수 있었다. 게다가 나보다 일 년 앞서 웅변을 시작한 오빠는 여러 면에서 좋은 본보기였다.

지금도 생생하게 기억이 난다. 우리는 짙은 장밋빛의 네모난 소파 두 개를 합쳐 단상처럼 꾸미고 오빠 한 번, 나 한 번 다정하게 연습을 하곤 했다. 그럴 때마다 나는 오빠의 카리스마 있는 표정과 호소력 짙은 목소리를 속으로 따라했다. 연습이 뜻대로 되지 않아 의기소침할 때나 긴 시간의 연습이 지루해지면, 연습용으로 녹음을 하던 테이프에 개그맨 흉내나 선생님 성대모사를 장난삼아 녹음하기도 했다. 그걸 다시 틀어보면서 한바탕 깔깔대고 나면 다시 기운이 생겨 있었다.

어떤 일을 하든지 파트너는 굉장히 중요하다. 훌륭한 파트너는 나의 잘못을 고쳐 주고 나를 더 발전시키는 역할을 해 준다. 그 파트너는 형제 혹은 부모나 친구일 수도 있다. 아마도 내가 소심한 성격에서 벗어나 욕심을 찾아내고 계속 노력하는 끈기를 발전시킨 데는 나의 스타일을 잘 알아보았던 엄마와 나를 자극해 주는 오빠의 역할이 컸으리라. 주위를 둘러보면 나의 성격과 장점을 살려서 자신만의 스타일을 만드는 데 도움을 줄 사람을 찾을 수 있을 것이다. 지금 바로, 주변에서 그런 파트너를 꼭 찾아보라고 권하고 싶다.

episode #3

"인혜야, 우리 대공원에 놀러 갈까?"
"대공원에 왜?"
"사람들이 대공원 잔디밭에서 그림을 그린다는데?"
사람들이 대공원 잔디밭에서 그림을 그린다니……. 대관절 무슨 일일까? 엄마가 불쑥 대공원에 함께 가보자고 하신다.
"어때? 만날 집에서만 그림 그리니까 심심하지 않아? 오늘 날씨도 최곤데?"
"음…… 그럴까?"
"좋아, 김밥이랑 음료수랑 돗자리도 챙겨서 가자. 오랜만에 소풍 가는 거야."
얏호, 소풍, 소풍! 이왕이면 옷도 예쁘게 입어야지!
"아빠, 뭐하세요? 나 엄마랑 대공원으로 소풍갈 거예요. 아빠도 같이 가요."
일요일 오전, 거실에서 뒹굴고 있던 나는 별안간 엄마, 아빠를 이끌고 대공원에 가기로 했다. 크레파스와 도화지는 물론 김밥과 음료수도 챙기고 아빠는 사진기까지 매셨다.
그렇게 나는 과천 대공원이 주최하는 '전국 어린이 사생대회'에 참가했다. 이런 일은 한두 번이 아니었다. 한 번은 엄마가 시청 앞마당에 놀러 가자고 하셔서 따라나선 적이 있다. 그런데 무슨 일인지 수백 명의 사람들이 시청 앞마당에서 줄넘기를 하고 있었다. 나도 줄넘기 하나를 얻어 깡총거리며 발을 굴렀는데……. 결과는 놀랍게도 서울시 줄넘기 대회 어린이 5등?

열정을
당당하게 표현하라

지금 생각해도, 그때 어디서 그런 용기가 생겼는지 모르겠다. 어느 날이었다. 표준전과 앞 장에 붙어 있는 표지 모델 응모권을 본 순간, 꼭 도전하고 싶었다. 잠시 망설여지기도 했지만 충동을 막을 수가 없었다. 표준전과 모델에 응모하기로 마음을 굳히고 나서 나는 곧장 응모권에 내 이름과 주소 등을 썼다. 초등학교 3학년 때의 일이다.

하지만 해결해야 할 문제가 하나 있었다. 응모권에 붙일 마땅한 프로필 사진이 없는 것. 나는 응모는 비밀로 하고, 아빠께 예쁜 사진을 찍으러 가자고 졸랐다. 한껏 멋을 낸 후 대공원에 가서 사진을 찍었다. 그리고 응모권에 사진을 붙여 접수 성공. 그리고 얼마 후에 2차 오디션을 보러 스튜디오로 오라는 연락이 왔다.

혼자 서울에 갈 수는 없어서 결국 엄마에게 말씀드리니, 엄마가 흔쾌히 같이 가 주셨다. 자, 착착 진행되는구나. 그런데 2차 오디션에 참가한 아이들은 내가 보기에도 수준이 달랐다. 세련된 헤어스타일과 범상치 않은 표정들……. 아, 긴장하지 말자!

드디어 내 오디션 차례였다. 사진작가의 촬영과 함께 심사위원들의 질문이 시작되었다.

"인혜 친구, 이번에 떨어지면 어떻게 할 거예요?"

두 번 생각하기도 전에 내 입에서 문제의 그 말이 튀어 나왔다.

"그럼……. 붙을 때까지 도전하겠어요."

심사위원 중 한 분이 내 당돌한 말에 처음에는 살짝 놀라시더니 곧 껄껄 웃으신다.

"이야, 인혜, 참 야무지다. 그래, 이번에는 옆모습 한 번 촬영해 보자."

나는 초등학교 3학년 때 표준전과 모델이 되면서 처음으로 전국구(?)에 데뷔했다. 내가 직접 응모권을 적고 신청을 해서 이뤄 낸 일이었다. 그런데 지극히 소심했던 내가 스스로 그런 결심을 하고 도전을 했다는 게 지금 생각해도 다소 놀랍다. 그때를 돌이켜 보면, 아마도 그 전에 각종 대회에 숱하게 참가해 본 경험이 내게 용기를 주었던 것 같다.

어린 시절에 나는 정말이지 많은 대회에 참가했었다. 글짓기 대

아빠를 졸라 공원에서 찍은 응모 사진.

표준 전과 모델,
　　나의 전국구 데뷔작이다. ^^

나의 첫 프로필 사진
"붙을 때까지 도전하겠어요!"

회, 사생 대회, 표어 대회, 과학상자 조립 대회, 줄넘기 대회, 5분 말하기 대회, 시낭송 대회, 수영 대회……. 다 적기가 힘들 만큼 나는 무수히 많은 대회에 참가했었다. 나는 시에서 주최하는 큰 대회뿐만이 아니라 동네나 학교에서 소박하게 개최하는 대회들에도 꼬박꼬박 참가했다. 상 욕심이 많아서? 그래서 대회에 나간 것은 결코 아니다. 타고난 아웃도어 기질? 음, 그것도 아니다. 내가 그 많은 대회에 나갔던 이유는……. 세상에 워낙 이런저런 대회들이 많았기 때문이랄까.

주로 엄마가 나를 대회에 데려가 주셨다. 그런데 나는 대회에 참가한다는 것을 알고 따라나선 적이 거의 없었다. 엄마는 대회에 간다는 말을 하신 적이 없었고, 다만 사람들이 뭐 하고 있으니까 우리도 가서 같이 놀다 오자며 나를 이끄실 뿐이었다. 상을 타야 한다는 부담을 주거나 가기 싫은데 억지로 데려가신 적도 없었다. 그저 가 보면 재밌을 거라는 게 엄마가 내게 말씀하시는 이유였다. 그리고 엄마의 말씀처럼, 무엇을 하든 집에서 혼자 하는 것보다 밖에 나가 사람들과 함께하는 것이 훨씬 재밌었다. 그러다 보니 나는 평소에도 자연스레 '다음엔 무슨 대회 없나?' 하며 신문이나 TV를 살피게 되었다. 어린아이에게 어울리지 않게도…….

대회에 나가서 상을 받아야 한다는 부담이 없어서 그런지, 나는 어느 순간부터는 대회를 즐기게 되었다. 그리고 실수나 실패도 예전처럼 두렵지 않게 되었다. 비록 상을 받지 못하더라도 대회에 나가 사람들 앞에서 실력을 선보이고 또 실력을 겨루는 그 과정 자체를 즐기게 된 것이었다.

  그렇게 많은 대회에 참가해 보는 경험을 통해 나는 점차 소심함을 극복하고 자신감을 얻게 되었다. 그것은 새로운 일에 도전하고 새로운 친구들과 사귀는 일도 더 이상 두렵지 않게 해 주었다. 그리고 많은 대회에 참가해 본 경험은 무엇보다도, 사람들 앞에 나서서 나를 표현하는 것에 대한 두려움 대신 내가 잘할 수 있고 내게 있어 더 재미있는 일을 찾아 도전해 보겠다는 마음을 키워 주었다. 그때부터 나는 사람들 앞에서 쉽게 움츠리던 타고난 성격에서 벗어나 진정한 나의 꿈을 좇으며 내 안의 열정을 당당하게 표현하고 싶다는 욕심을 키우기 시작했다.

episode #4

"야! 이인혜, 탐구생활 좀 봐."

아이들이 술렁거린다. 아이들의 시선은 내가 품에 안고 있는 탐구생활에 꽂혀있다. 내가 탐구생활을 소중히 여겨서 품에 껴안고 나타난 것은 아니었다. 두 팔로 안지 않으면 그만 놓쳐 버릴 것 같아서였다.

"우와, 전과보다 두꺼워."

"두께가 10센티, 10센티!"

아이들이 내 탐구생활을 보며 한 마디씩 감탄을 쏟아낸다. 탐구생활을 책상 위에 내려놓자 페이지가 벌어지며 저절로 양쪽으로 펼쳐진다.

색종이 모형 만들기, 꼬마전구 실험 보고서, 모래로 그린 그림……. 페이지가 넘어가면서 한 장 한 장마다 붙어 있는 온갖 작품들이 아이들 앞에 전시된다. 친구들이 방학 내내 탐구생활만 했냐고 묻는데, 그렇기도 하고 아니기도 하다. 방학 중에는 주로 밖에 놀러 다니느라 바빴다. 하지만 늘 탐구생활하는 재미에 빠져 지냈다. 탐구생활이 온갖 작품들로 두꺼워진 이유는 한 가지밖에 없었다. 과제들이 너무 재미있어서!

다른 친구들은 오빠나 누나의 것을 베끼기도 했다는데 나는 그럴 생각은 전혀 하지 못했다. 오히려 만들어야 할 과제가 없어지고, 신기한 실험이 줄어들수록 아쉽기만 했다. 페이지를 넘겼을 때 '~해 봅시다.'라는 말이 나오면 그렇게 좋을 수가 없었다. 탐구생활이 두꺼워지든 말든, 과제를 즐기다 보니 그렇게 되었을 뿐인데……. 아이들이 부러워하니 괜히 어깨까지 으쓱한걸?

작은 일에도
열성을 다하라

"인혜야, 네 재료 꺼내 봐."

"어, 어, 잠깐만."

오늘은 샌드위치 만들기 실습 시간. 가방에 한 가득 챙겨 온 재료들은 순서에 따라 꺼내야 한다. 그래야 고스란히 꺼낼 수 있다.

"삶은 달걀, 햄, 오이. 가져왔지?"

재촉하지 말자, 친구야. 좀만 기다려 주면 재료를 모두 꺼낼 수 있다.

"인혜야……."

가방에서 재료를 모두 꺼내자 넓은 조리대가 비좁아졌다. 나는 내가 준비하기로 한 삶은 달걀, 햄, 오이 외에도 피클, 상추, 잡곡빵은 물론 각종 스프레드 치즈까지 싹 챙겨 왔다. 샌드위치를 담을 접시도 1회용 스티로폼 접시 대신 예쁜 냅킨을 깐 바구니로 준비했다.

"이건…… 뭐야?"

친구가 유산지를 들어 올리더니 정체를 파악하려는 듯 유심히 관찰한다.

"잘 봐, 이걸로 샌드위치를 돌돌 만 다음에 이 노끈으로 묶는 거야."

유산지와 노끈에서 아이들은 뒤로 넘어가 버렸다. 다른 조 아이들도 몰려와서 내가 펼쳐 놓은 재료들을 구경한다.

"인혜야, 네 샌드위치 완성되면 나 꼭 한 입 먹자."

친구의 말을 들은 나는 얼굴에 한 가득 미소가 지어졌다.

'당연하지. 내가 너희들 깜짝 놀래 주려고 어젯밤에 샌드위치 재료 조합에 대해 연구까지 했는데!'

나는 그랬다. 탐구생활을 하더라도, 샌드위치를 하나 만들더라도 다른 친구들의 눈이 휘둥그레질 정도로 잘하고 싶었다. 누가 나한테 그래야 한다고 시킨 것도 아니었다. 그렇게 열성을 다해야 나 스스로가 기뻤다. 숙제라서, 성적을 좋게 받기 위해서, 선생님께 잘 보이고 싶어서 그런 것도 아니었다. 나는 주어진 일에 최선을 다하는 것 자체가 기쁘고 좋았다.

초등학교에 입학하면서부터, 해야 할 일이 많아지고 평가받을

탐구생활에 심취한 인혜. ^^

내 클래식 기타 솜씨 좀 볼테야?

우리의 악기, 가야금도 배워야지!

일이 생기면서부터, 친구들은 점차 잘할 일과 대충할 일을 구별하는 듯했다. 그런데 나로서는 그럴 때도 무슨 일이든 최선을 다하는 것이 좋았다. 중요한 일과 덜 중요한 일을 구분하는 것보다는 주어진 모든 일에 도전하고, 잘하든 못하든 할 수 있는 최선을 다 쏟는 게 좋았다.

어떤 일이든 최선을 다했을 때 느끼는 기쁨은 다른 사람의 칭찬을 들을 때 느끼는 기쁨과는 다르다. 그보다 특별한 기쁨을 느낄 수 있다. 그리고 내가 어떤 개성을 가졌는지, 어떤 장점을 가졌는지에 대해서 깨닫는 계기가 되어 준다. 사람들은 늘 자신이 무엇을 잘하는지에 대해서 판단하길 두려워한다. 어떤 때는 자신이 하고 있는 일이 부모가 시킨 일이라며 핑계를 대기도 하고, 어떤 일은 자신이 좋아하기는 하지만 잘하진 않는 것 같다며 자신 없어 하기도 한다. 또 어떤 때는 그런 일들이 별로 자신에게 쓸모없는 일이라고 쉽게 자신이 하는 일들을 평가절하하기도 한다. 그러나 순간순간 최선을 다하다 보면 자신이 잘하진 않더라도 무엇을 좋아하며 무엇을 잘하는지에 대해 솔직하고 정확해진다. 모든 일에 최선을 다하는 것의 장점은 자신의 스타일을 보다 분명히 알 수 있다는 점이다.

그렇기 때문에 나는, 당장 성과를 안겨 주지 않는 일이라도 늘 최선을 다하는 자세가 결국에는 가장 값진 결과를 낳는다고 믿는

제1부 먼저 나만의 스타일을 파악하라

다. 그러다 보면 뜻하지 않게 좋은 기회가 찾아오기도 한다. 내가 드라마 〈황진이〉에 출연할 때, 가야금을 할 줄 안다는 점이 '단심' 역에 캐스팅되는 데 큰 장점이 되었다. 그리고 나는 애초에는 춤을 추는 촬영분이 없었는데도, 한국무용을 배우며 익혀 둔 춤사위가 감독님의 눈에 띄어 갑작스레 촬영분이 생기기도 했다. 그러니 작은 일이라도 무시하지 말고 언제나 최선을 다하자!

episode #5

"인혜 어머니, 저희 애도 학교 끝나고 이 집에서 놀게 해 주세요."
친구 어머니가 친구를 앞세워 우리 집에 찾아오셨다.
그 친구는 학교에서는 자주 어울려 놀았지만 학교 끝나고 나서는 학원엘 가는지 우리랑 노는 법이 거의 없던 친구였다. 그날도 나는 학교 끝나면 늘 같이 노는 친구들과 우리 집에 몰려와 놀고 있었다. 퍼즐 맞추기를 하며 놀고 있었던가. 그때 그 친구와 어머니가 찾아온 것이다.
"안녕하세요, 어머니. 아이들이 같이 놀면 좋지요. 그럼요, 물론이죠. 매일 놀러 와도 좋아요. 인혜도 좋지?"
엄마가 내게 물으셨다. 응, 물론 좋지. 그런데…… 그냥 놀러오면 될 걸 친구 어머니는 왜 찾아오셨을까?
"인혜 어머니께서 그렇게 과외를 잘해 주신다고 해서 일부러 온 거예요. 지난번에 민지가 과학상자 조립대회에서 상 받은 것도 다 인혜 어머니께서 가르쳐 주셔서 그렇다고 하던데……. 얼마 전에 혁민이가 글짓기 대회에서 상 받은 것도 인혜 어머니가 글짓기를 가르쳐 주셔서 그렇다고……."
우리 엄마가 과외를 하신다고? 나도 모르게 딴 애들한테만 과외를? 이게 무슨 얘기?

episode #6

나도 목 마른데…….

나도 원 없이 시원한 물 한 번 마셔 봤으면…….

후……. 나도 모르게 깊은 한숨이 나왔다. 친구들이 벌컥벌컥 물을 마시는 걸 보고 있자니 갈증이 더 심해지는 듯하다. 물통에 가득 찼던 물은 이제 두 모금쯤 남았는데……. 엇, 이제 내 차례인가?

"우와, 누구 물이야? 나도 한 모금만."

"인혜 물이야. 인혜한테 물어봐."

"인혜야, 나도 한 모금만."

"어어……. 그으래."

남아 있던 물이 친구의 목으로 넘어가는 모습을 보며 나는 침만 꼴깍 삼켰다. 침을 삼키니까 타는 듯하던 갈증은…… 더 심해진다. 시원한 물 먹고 싶어! 엄마가 챙겨 주신 얼음물은 그렇게 바닥나고 말았다. 한 통도 아니고 두 통! 엄마께 부탁해서 얼음물을 친구들에게 줄 것까지 두 통을 챙겨왔는데…… 나는 결국 한 모금도 못 마셨다.

"근데 인혜 물이 그냥 물보다 맛있지 않아?"

농담하니? 내 물이 그냥 물이지 뭐겠어?

"레몬 맛 나는데?"

헉, 엄마가 레몬 띄운 물을 얼려 주셨구나. 엄마 고마워요. 덕분에 오늘도 인기 최고였어요. 근데 나 너무 목말라요. ㅠ.ㅠ

성공의 시작은
좋은 **친구관계**

친구들과 학교가 끝난 후에 우리 집으로 몰려가 몇 시간씩 놀다가 헤어지는 것은 초등학교 내내 계속된 일상이었다. 엄마는 우리를 위해 늘 맛있는 간식을 잔뜩 만들어 주셨다. 덕분에 친구들도 우리 집에 가는 것을 아주 좋아했다.

  우리 집에는 간식만 있는 것이 아니었다. 각종 게임, 놀이 도구, 학습 교재도 많았다. 그것들을 가지고 놀다 보면 시간 가는 줄을 몰랐다. 덕분에 우리 집은 늘 왁자지껄했다.

  친구들은 물론이고 나조차도 우리 집을 '놀이방'처럼 여겼다. 그런데 친구 부모님들은 가끔 당황스러운 착각을 하시기도 했다. 우리 집이 방과 후 학습을 시키는 '과외방'이라는 소문이 났던 것이다.

그런데 친구 부모님께서 착각을 하신 게 아니라, 우리들이 착각을 한 것인지도 모른다는 생각이 든다. 엄마께서는 늘 우리들이 지루할 때쯤이면 다른 놀이를 해 보자며 새로운 '도전 과제'를 주시곤 했었다.

"요새 불이 많이 난다고 하잖아? 왜 그런지 아는 사람?"
"과학상자 조립해 본 사람 있니? 이거 되게 재밌다던데?"
"표어 만들기 숙제 있다며? 큰 도화지 꺼내서 같이 해 볼까?"

엄마는 숙제를 놀이를 하듯 즐기면서 하게 만드는 탁월한 선생님이었다. 그러다가 우리 중에 한 친구가 경기도 어린이 표어 대회에 작품을 냈다가 대상을 타고, 과학상자 조립 대회에 출전해 일등을 하고, 또 한 친구는 경기도 백일장에서 상을 타게 되면서 우리 집이 '과외방'이라는 소문까지 났던 것이다.

아이들과 그렇게 어울려 놀았던 경험은 내가 사교성을 키우는 데도 많은 도움이 되었다. 항상 아이들과 어울린 덕분에 나는 늘 친구들과 함께하길 좋아하고 친구의 일을 우선으로 생각하는 정 많은 아이로 자라났다. 중고등학교 때까지도 '정 많은 아이'의 오지랖 넓은 사교 생활은 계속되었다. 친구들 주려고 얼음물을 두 통이나 챙겨 오고도 정작 나는 한 모금도 물을 못 마시는 난감한(?) 일도 종종 있었다. 지금도 후회는 전혀 없지만 늘 목이 말랐던 기억은 지금도 떠오른다.

친구들과 자연스럽게 어울리는 일이 누군가에게는 아주 쉬운 일일 수도 있지만 사람에 따라 그 단순한 일이 매우 어려운 일일 수도 있다. 특히 나처럼 소심하고 두려움이 많았던 아이에게 자연스러운 친구 관계를 맺는 일은 어쩌면 보기보다 훨씬 어려울 수도 있었다는 생각이 든다. 그런 내가 누구보다 친구들과 어울리길 좋아하는 아이로 변화하게 된 한편 스트레스 없이 공부를 접하는 계기도 마련되었으니 어릴 때 우리 집이 '과외방'까지는 아니라도 분명 소중한 '학습의 장'이었다는 생각이 든다.

나한테 꽃다발 주는 거야?

나도 좀 먹자. ^^

그 큰 덩치로 나한테 기대다니!

episode #7

"선생님, 안녕하세요?"

"어, 인혜 왔구나. 어제 촬영 있지 않았어?"

"예, 오늘 새벽 6시까지 촬영이었어요. 촬영장에서 바로 온 거예요."

"아이고, 그렇구나. 지금 교실로 가는 길이야?"

"앗, 선생님……. 저 다시 촬영장에 가 봐야 해요."

"뭐?"

전날 새벽까지 계속된 촬영이 끝나자마자 학교로 달려왔다. 하지만 그날도 아침부터 촬영 스케줄이 잡혀 있어서 바로 떠나야만 했다.

"그럼 연락을 하지. 학교엔 왜 나왔어?"

"선생님께 인사드리고 가려고요."

"뭐?"

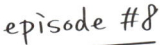

"쟤 연예인인데······. 연합고사에서 떨어졌대. 그래서 기부금 내고 학교 들어왔대."
아이들이 수군거리는 소리가 또렷이 들렸다. 나를 두고 하는 말이었다.
내가 바로 옆에 있는데도 소리를 낮추는 척조차 하지 않는다. 오히려 들으라는 듯 그 말을 쏟아댄다.
"연예인이 대수야? 지가 뭐가 잘났다고 특혜야?"
그동안 많이 강해졌다고 생각했는데 불현듯 가슴이 무너지는 것만 같다. 쫓아가서 "아냐, 나 공부 열심히 했어. 나도 시험 봐서 학교 들어온 거야.'라고 말해 주고 싶었다. 하지만 그랬다가는 더 미움만 받겠지.
"자자, 조용. 선생님 말 잘 들어라. 앞으로는 시험 성적을 교실 게시판에 공개하겠다."
"안 돼요. 선생님! 사생활 침해예요!"
선생님께서는 성적 향상을 위해 앞으로 보는 시험의 점수와 등수를 매번 게시판에 공개하겠다고 발표하셨다. 아이들은 반대했지만 나는 왠지 그 말씀이 반가웠다.
'연예인 특혜? 기부금 입학? 좋아, 두고 봐. 다음 시험 성적이 게시판에 공개될 때 내 실력을 똑똑히 보여 줄 테니까.'

공부는 삶을 더 단단하게 한다

"이야, 됐다. 됐어!"

하늘을 나는 듯 기뻤다. 〈현장탐험〉이라는 프로그램의 어린이 단독 MC 오디션에서 내가 발탁되었다는 연락이 왔다. 그 자리는 모든 아역배우들이 탐내는 자리였다. 게다가 어린이 MC에게는 김창완 아저씨와 함께 타이틀 곡을 녹음하는 영광도 주어졌다.

"안 된다. 아빠 말 들어. 절대로 안 된다."

그러나 기쁨도 잠시. 곧바로 아빠의 벼락같은 말씀이 있었다. 타이틀 곡 녹음을 하러 스튜디오에 가기로 한 날, 아빠는 더 이상의 방송 활동을 절대로 허락할 수 없다며 나를 막으셨다. 평소에 한 번도 내게 '안 된다.'고 하신 적이 없는 부모님 두 분 모두, 이번에는 절대 나의 결심을 허락할 수 없다며 강경하게 막으셨다.

"오늘인데……. 가겠다고 약속했는데……. 어떻게 해요?"

나는 글썽거리며 부모님을 졸랐다. 하지만 부모님은 여전히 단호하셨다. 나는 이렇게 막을 거면 아예 시작을 못하게 하시지, 이제 와서 어떻게 하라는 거냐며 울부짖기까지 했다. 그러나 부모님은 내가 스튜디오에 가는 것을 끝내 허락하지 않으셨다. 그리고 흔들림 없이 강경하게 말씀하셨다.

"앞으로 방송 활동은 모두 그만두어라. 이제 중학교에 올라가니 공부에만 전념하도록 해!"

연기를 그만두라니.

그동안 내가 그토록 열심히 해 온 일을 갑자기 그만두라니.

단지 공부를 해야 한다는 이유로 내가 그렇게 좋아하는 연기를 그만두라니.

나는 잠을 이룰 수가 없었다. 혼자 방 안을 맴돌기도 하고, 이불에 얼굴을 묻고 하염없이 눈물을 쏟기도 했다. 연기를 그만두라는 부모님 말씀을 받아들일 수가 없었다. 나는 아무리 생각을 거듭해도 앞으로 어떻게 해야 하는지 결심이 서질 않았다.

그 일이 있고 나서 얼마 후, 중학교에 들어와 처음으로 시험을 치렀다. 시험 전까지 나는 연기를 그만둔 채 학교생활만 했지만 웬일인지 성적은 바닥으로 곤두박질쳤다. 초등학교 내내 방송 활동을 병행하면서도 전교 1등을 놓치는 일이 거의 없었던 내 성적이 중학교 첫 시험에서 반 12등으로 떨어졌다. 그 성적표를 내놓자 부모님께서도 많이 놀라시는 듯했다. 부모님은 나를 쳐다보지도 않고 고개를 돌리셨다.

나는 부모님 앞에 무릎을 꿇었다.

"아빠, 나는 내가 좋아하는 일을 해야 열심히 하잖아요. 그렇게 좋아하던 연기를 못하게 되니까 가슴이 너무 답답하고 공부를 하려고 해도 눈물만 나와요. 아빠, 나 방송 활동도 할 수 있게 허락해 주세요. 제가 약속할게요. 만약 성적이 한 등수라도 더 떨어지면 바로 방송 활동을 접을게요."

아버지는 한동안 말이 없으셨다. 긴 침묵이 이어졌다. 그러다가 이윽고 내 눈을 쳐다보며 낮은 목소리로 말씀하셨다.

"인혜야, 네 결심이 그러니 널 믿고 허락하마. 하지만 성적이 떨어지면 방송 활동을 접겠다는 약속은 꼭 지키는 거다. 알았지?"

"예, 아빠. 예, 꼭 약속 지킬게요."

나는 부모님과 그렇게 약속을 하고 겨우 학업과 방송 활동을 같이 할 수 있게 되었다. 하지만 두 가지를 병행하는 것은 쉽지 않았다. 초등학교 때는 방송 활동을 하면서 성적을 내기가 아주 힘들지 않았지만 중학교에 올라가서부터는 더 이상 만만한 일이 아니었다.

부모님께서는 아마도 초등학교 생활과 중학교 생활은 큰 차이

어린 시절, 오랫동안 기른 긴 머리를 휘날리며.

나는 방송을 그만두라는 부모님의 말씀에
긴 머리를 싹둑 잘라 버렸다.ㅠㅠ

가 있다는 것을 잘 아셨기 때문에 나의 방송 활동을 막으셨던 것 같다. 하지만 나는 내가 좋아하는 방송 활동을 결코 그만두고 싶지 않았다. 나는 학업도 방송 활동도 모두 잘하고 싶었다. 두 가지 모두 내가 좋아하고, 잘하고 싶은 것이기에, 충분히 모두 해낼 수 있다는 자신감도 품고 있었다. 그러나 역시 두 가지를 모두 잘 해낸다는 것은 결코 말처럼 쉬운 일이 아니었다.

성적이 떨어지지 않기 위해서는 한시도 긴장을 늦출 수 없었다. 그러다 보니 학업과 방송 활동 중에서 과연 무엇을 우선시해야 하며, 어떤 노력을 해야 하는가에 대한 고민도 생겨났다. 그런데 여러 번 생각을 해 보아도, 두 가지 중에서 한 가지만을 선택하는 것은 내가 바라는 것이 아니었다. 학업을 위해 방송 활동을 그만둔다는 것은 그 시점에서 꿈을 접는 것이나 다름없었다. 반대로 방송 활동을 위해 학업을 포기한다면 어떻게 될까? 그것 역시 나의 가능성과 꿈의 크기를 쉽게 포기하는 게 아닐까?

어린 시절에 교실에서 그리고 아이들과 어울리던 나의 집에서 내가 배운 것은 공부가 결코 지루한 노동이 아니라는 것이었다. 공부는 모르는 것을 알아 가는 기쁨인 한편 나의 시간을 값지게 해 주는 소중한 경험이기도 했다. 중학교에 들어와 성적에 대한 부담이 생겼지만 그렇다고 해서 그러한 공부의 가치를 포기하는 것은 역시 부당한 일이었다.

또한 중학교와 고등학교 시기란 앞으로의 삶에 유용한 지식을 집중적으로 배우는 시기가 아닌가. 학업이란 바로 이때만 할 수 있는 나만의 과제일 텐데, 그것을 포기한다는 것 또한 가당치 않다고 생각했다. 공부란 결코 남을 위해, 혹은 시험 성적을 위해 하는 것이 아니니까. 결국 이러한 생각을 나의 답으로 삼았다. 방송 활동에서도 최선을 다할 것이다. 그리고 공부란 나의 삶을 단단하게 해줄 '기본'이기에 결코 포기하지 않으리라고.

비록 굳게 마음을 먹었지만, 때로는 예상치 못한 일들이 학업과 방송 활동을 병행하는 것을 힘들게 하기도 했었다. 중학교에 가니 연기자라는 이유로 색안경을 끼고 나를 바라보는 친구들도 많았다. 누구보다도 친구들을 좋아하고 함께 어울리는 것을 좋아했던 나였지만, 낯선 친구들과 섞이는 중학교에서는 친구들이 처음부터 내게서 거리를 두고 험담을 하는 일이 많았다. 그런데 그럴수록 왠지 모를 오기가 생겼다. 연예인이라서 특혜를 받는다는 편견, 실력도 없으면서 인정받는다는 편견, 연예인은 공부를 안 한다는 편견도 무너트리고 싶었다.

그 상황들이 억울하기도 했지만 내가 선택할 수 있는 다른 방법은 없었다. 더 열심히, 더 치열하게 나를 채찍질하는 수밖에 없었다. 나는 수업에 들어가지 못하더라도, 잠깐 학교에 들를 시간만 생기면 무조건 등교를 해서 친구들과 선생님께 인사를 하곤 했다.

학교에 머물 시간이 10분밖에 안 되더라도 꼭 교복을 말끔히 차려입고 교실까지 다녀오곤 했다. 내 결심도 결심이지만, 엄마도 내가 나약해지는 것을 허락하지 않으셨다. 한번은 새벽까지 계속된 촬영에 너무 지친 탓에 학교를 빠지고 집에 가서 자고 싶은 마음이 굴뚝같았다. 등교 시간보다 조금 전에 학교 앞에 도착한 나는 승용차 안에서 교복으로 갈아입으면서도 계속 눈이 감겼다. 차에서 내리고도 발길이 떨어지지 않았다. 엄마를 돌아보며 슬쩍 불쌍한 표정을 지어 보였지만 엄마는 불호령을 내렸다.

"어서 가! 졸아도 학교 책상에서 졸아!"

이러한 일들도 나의 다짐을 더욱 굳어지게 했다. 해내리라. 공부와 꿈 모두 이루리라. 그런데 그러기 위해서는 나는 훨씬 더 악바리가 되어야 했다.

어린이 합창단 친구들과 단체샷!

예쁜 드레스를 입고 찰칵~

episode #9

"이인혜, 따라와."

"네?"

"말대꾸하냐? 따라오기나 해."

MBC 방송국 옥상은 살벌한 추억이 많은 장소이다. 어린이 합창단 시절, 엄한 선배들에게 기합을 받던 곳이 방송국 옥상이었다.

"네가 뭘 잘못했는지 알지?"

"저……. 잘 모르겠습니다."

"어쭈, 잘못을 몰라? 반항하는 거야?"

"아니, 무슨 일로 그러시는지 정말 모르겠어요."

"이것 봐라. 너 화장하고 다니지 말라고 내가 말했어, 안 했어?"

"저 화장 안 했어요. 화장품 안 발랐어요."

그날 합창단 선배는 화장을 하고 왔다는 죄명으로 나를 호출한 것이었다. 하지만 나는 그날 햇빛이 강해서 선크림을 발랐을 뿐이었다. 선크림을 바르면서도 괜히 걱정이 되기는 했다. 아니나 다를까, 선배의 눈에 딱 걸리고 말았다.

"야, 얘 가방 뒤져 봐."

선배들이 내 가방을 뺏어 선크림을 찾아냈다. 그리고 뚜껑을 열더니 더 이상 나오지 않을 때까지 바닥에 쭉 짜 버렸다.

"이인혜, 내 말 잘 들어라. 다시 내 눈에 걸리면 그땐 그냥 안 넘어간다."

입을 꽉 다물고 눈물을 참았지만 눈물이 자꾸 흘러 내렸다.

episode #10

"그래, 잘 다녀와."
엄마도 참 대단하시다. 한 번도 나가지 말라는 말씀은 안 하신다.
'오늘도 아무도 없구나. 아, 추워.'
오늘도 변함없이 7시 정각에 운동장에 도착했다. 역시 운동장은 텅 비어 있다.
"차려. 열중쉬어. 차려. 경례."
아무도 없는 운동장 한가운데 서서 구령을 외치는 내 모습을 누가 본다면 어떻게 생각할까. 민망함에 얼굴이 붉어진다. 하지만 그만둘 생각은 없다.
"차려. 열중쉬어. 차려. 경례."
겨울 방학이 시작하기 전, 선배들이 나와 전교 부회장을 옥상으로 불러냈다. 그런 일이 처음은 아니었다. 내가 전교 학생회장으로 당선된 이후 수십 번도 더 있었던 일이다. 선배들은 연기자가 무슨 학생회장을 맡느냐며, 나는 연기자라서 자격이 없으니 알아서 임원 자리를 포기하라고 강요를 했다. 그러나 선배들의 강요에도 불구하고 나는 그만둘 생각은 없었다
"그래서, 포기 못하시겠다?"
"네."
"감히 고집을 부려? 너 두고 보자."
선배의 특단의 조치(?)는 겨울 방학 내내 아침 일찍 운동장에 나와 조회 구령을 연습하라는 것이었다. 나는 그 어이없는 지시에 왠지 오기가 생겼다. 그해 방학 동안 나는 한 번도 빠지지 않고 운동장에 나가 조회 구령을 연습했다.
"한 번만 더 하고 집에 가자. 차려. 열중쉬어. 차려. 경례!"

오기와 끈기로 무장하다

초등학교 때부터 어린이 합창단과 아역 배우 생활을 하면서도 여러 번 반장을 맡았고, 중학교 때 역시 방송 활동을 꾸준히 하면서도 이런저런 기회 때마다 학교 대표를 맡는 일이 있었다. 고등학교 때는 전교회장까지 맡았으니 욕심쟁이로 불릴 만한 학창 시절이었다.

그리고 나는 욕심만큼이나 오기가 있는 편이었다. 두 가지 모두를 해내려고 발버둥치는 나를 응원하고 격려해 주는 친구도 많았다. 하지만 내 모습이 미웠는지 특별한 이유 없이 나를 괴롭히는 친구나 선배들도 종종 있었는데, 그럴수록 나는 쉽게 포기하지 않겠다는 오기가 강해지곤 했다. 본성은 천하에 둘도 없는 소심쟁이임에도 불구하고.

나는 학교에서는 연기자라는 이유로, 방송 현장에서는 공부 잘하는 아이라는 이유로 종종 힘든 일을 겪곤 했다. 주로 나를 얄밉게 본 선배들에게 특별한 이유 없이 혼이 났다. 그리고 어떤 때는, 너무 자주 여러 방면에서 의욕을 불태우는 바람에 역차별(?)을 겪기도 했다. 지금은 지나간 추억으로 떠올리지만 당시에는 그 일들이 학업과 방송을 병행하는 줄타기 같은 생활의 고단함과 겹치면서 마음에 큰 상처가 되기도 했었다.

중학교 때는 이런 일이 있었다. 졸업식을 며칠 앞두고 생긴 일이었다.

"이인혜 학생, 지금 교무실로 오세요. 다시 알립니다. 이인혜 학생, 지금 교무실로 오세요."

교내 스피커에서 나를 찾는 방송이 나오고 있었다. 나는 갑자기 무슨 일로 그럴까 하고 궁금해하며 교무실로 향했다.

"인혜야, 이쪽으로."

교감 선생님께서 나를 부르셨다.

"이번 졸업식 때 네가 학생 대표로 답사를 하기로 했지?"

나는 중학교 졸업식 때 학생 대표로 선생님과 학부모 앞에서 재학생 송사에 대한 졸업생 답사를 하기로 되어 있었다. 한 주 전에 졸업식 답사를 준비하라는 말을 듣고 나서, 일주일간 답사 원고를 여러 번 고쳐 가며 연습을 하던 중이었다. 그런데 교감 선생님께서 갑자기 내게 답사를 하지 말라고 말씀하셨다.

"답사를 다른 친구한테 양보해라. 알겠지? 내가 시켰다고는 하지 말고, 담임 선생님한테 가서 그냥 못하겠다고 말해."

나는 이유라도 여쭙고 싶었지만, 교감 선생님의 눈빛이 너무 단호하셔서 아무 말도 꺼내지 못하고 말았다. 대표로 앞에 나서는 기회를 잃었다는 이유보다 나를 더 속상하게 만든 이유는, 내가 졸업생 대표가 된 것을 같이 기뻐해 주고 일주일간 여러모로 도와준 담임 선생님과 친구들에게 일이 이렇게 된 이유조차 설명할 수 없다는 점이었다. 그리고 내가 최선을 다해 준비한 것이 이렇게 수포가 되어 버린다는 점이 속상했다. 하지만 어쩔 수 없이 담임 선생님께 사정을 말씀드렸는데, 감사하게도 오히려 나보다 더 그 일을 부당하게 여기시면서 나 대신 교감 선생님께 항의를 하셨다. 결국 담임 선생님 덕분에 나는 중학교 졸업식에서 예정대로 답사를 맡게 되었고, 답사가 끝난 후에 담임 선생님과 아무도 없는 양호실에서 부둥켜안고 울기까지 했다.

이 일은 내게 작은 교훈을 남겨 주었다. 살면서 내가 알 수 없는 이유로 부당한 일을 겪을 때나 뜻하지 않게 괴롭힘을 당하더라도, 내가 그것들을 극복해 낼 힘이 있다는 믿음을 준 것이다. 인생에는 불가피한 일들이 있다. 그것들을 모두 미리 예상해서 피할 방법은 없을 것이다.

중학교 졸업식 때 대표로 답사하는 모습~!

고등학교 학생회 친구들과 함께.

그보다 우리가 지녀야 할 마음가짐이란, 꿋꿋하게 그러한 일들에 마주하는 것이다. 내가 지레 회피하는 일이 없다면, 다른 이들이 나의 상황을 알아보고 도움을 주기도 한다. 그러니 고난 앞에서도 최선을 다하며, 어떤 상황에도 꿋꿋할 것. 그것이 내가 얻은 작은 교훈이었다.

이유 없이 괴롭힘을 당하거나 납득할 수 없는 부당한 일에 부닥쳐 힘들어할 때, 내가 겉으로 티를 내지 않더라도 엄마는 금세 눈치를 채시곤 했다. 그런데 엄마는 눈치로 내 상황을 파악하실 뿐 내 생활에 개입하여 문제를 해결해 주시는 법은 없었다. 학생회 선배들이 겨울 방학 내내 학교 운동장에 나와 구령 연습을 하라고 시켰을 때도, 엄마는 내가 아침마다 운동장으로 향하는 동안 한 번도 나를 말리지 않으셨다. 그 모든 것이 바로 내가 선택한 일이니, 오로지 내가 스스로 감당해야 한다는 것이 엄마의 교육 방침이었던 것이다. 그 덕분에 나는 어리석은 방법으로 나의 상황을 더 힘들게 하기도 하고, 시행착오를 반복하며 나의 문제를 해결하지 못하고 방황하는 적도 많았지만, 결국에는 스스로 나의 꿈과 목표를 지키기 위한 나만의 무기를 갖추게 되었다. 쉽게 포기하지 않는 오기와 문제가 해결될 때까지 도전하는 끈기가 그것이었다.

그러한 오기와 끈기는 결국 내가 어떤 일에 도전할 때든 내게 가장 든든한 무기가 되어 주었다. 어떤 예기치 못한 상황에서도 쉽게 포기하지 않는 힘은 크고 작은 시련을 겪으면서 점차 단단해지는 자신감에서 비롯된다는 것도 알게 되었다.

부모는 자녀의
수호천사

: 임영순 교수(이인혜 어머니)가 자녀를 둔 부모님들께 드리는 조언

재능은 키울수록 커진다

초등학교 때 시작한 웅변은 소심한 성격이던 인혜에게 자신감을 가져다 주는 큰 계기가 된 것 같다. 하지만 내가 처음부터 아이에게 웅변을 시켜서 당당함을 길러 주겠다고 계획을 세운 것은 아니었다.

　인혜가 초등학교 2학년 때였다. 친구 집에 놀러 갔다가 돌아와서는 웅변을 연습하는 친구의 모습을 봤다고 말했다. 그런데 그렇게 말하는 인혜의 표정이 자기도 웅변을 하고 싶은데 쑥스러웠는지 직접적으로 표현은 못하고 부러워하는 표정만 짓고 있는 게 아

넌가. 당시에 나는 아이의 말을 열심히 들어 주기만 했다. 웅변을 해 보고 싶으냐는 말은 묻지 않았다. 어차피 인혜가 친구처럼 대회에 나갈 수 있는 상황이 아니었으니, 인혜가 괜히 초라해지거나 의기소침해지지 않도록 하기 위해서였다.

인혜는 어릴 때에 인정받고 싶은 마음에 비해 숫기는 없는 아이였다. 그림 공부나 글자 놀이, 인형 만들기, 송편 빚기 등 크고 작은 여러 활동을 할 때도 한 번도 나서는 법도 없었다. 대신 묵묵하게 아주 열심히 만들곤 했는데 꼭 끝에 가서는 "엄마 나 이거 못했지?"라고 묻곤 했다. 나는 인혜가 인정받고 싶지만 자신감이 없는 탓에, "엄마 나 잘했지?"라고 묻고 나서 칭찬도 받고 싶지만 그 마음을 표현하지 못하고 속마음을 다르게 표현한다는 것을 알게 되었다.

이렇듯 인혜는 표현력이 부족하고 지극히 내성적인 성격을 갖고 있었다. 그래서 나는 인혜의 내성적이고 소심한 성격을 교정하고 자신감을 키워 주어서 매사에 긍정적인 사고를 갖게 하고 큰 포부와 꿈을 갖게 해야겠다는 생각이 들었다. 그리고 자신감을 키워 주기 위해서는 뭔가 성취감을 줘야 한다는 생각이 들었다.

그래서 인혜가 친구의 웅변 얘기를 하고 얼마 후에, 학교에 문의해서 다음번 웅변대회가 언제 있는지를 알아보았던 것이다. 나는 웅변할 원고를 직접 써서 나의 방식으로 인혜에게 연습을 시키기로 했다. 인혜 스스로 원하는 일이니 인혜가 누구보다 더 열심히 할 것이라고 생각했기에 시작할 수 있었다. 실제로 인혜는 다른 어떤 것을 배울 때보다도 기쁘게 연습을 했고, 그렇게 출전한 웅변대회에서 학년 1등을 차지했다. 그리고 내 생각대로 인혜는 그 일을 통해 "난 안 돼."라는 생각 대신 노력하면 무엇이든 해낼 수 있다는 자신감을 터득하게 된 듯하다.

아이 성향 파악하기, 아이 성격 길들이기

인혜의 오빠 혁진이는 남자아이인데다 첫째여서 할머니를 비롯한 집안사람들의 사랑을 독차지하며 자랐다. 그러다 보니 자기만 아는 독불 장군, 고집 센 아이, 장난꾸러기, 말썽쟁이가 된 경향이 있다. 초등학교에 입학한 후에는 더 이상 안 되겠다 싶어서 2년 동안 관심을 끄고 방치를 하기도 했다. 다른 엄마들은 아이가 학교에 입학하면 선생님을 찾아뵙는 등 야단이었지만 나는 아이의 적응력을 키우려는 생각 때문에 찾아뵙지 않았다. 인혜 오빠는 1학년 때는 유치원 때처럼 제멋대로 행동하다가 선생님께 벌도 많이 서고 야단도 자주 맞았다. 그러다 보니 매일같이 전학시켜 달라고 떼를 쓸 정도로 힘들어했다. 그러다 2학년에 올라간 뒤, 부모의 고의적인 무관심 속에서 지내다 보니 스스로 안되겠다 싶었는지 선생님께 특활영어 비디오테이프를 어디서 구하느냐고 혹은 과학상자 조립대회 참가하려면 어떻게 해야 하느냐고 여쭙는 등 관심을 받으려고 스스로 노력하는 아이로 변하게 됐다. 그때까지도 한 번도 선생님을 찾아뵙지 않았는데 하루는 선생님께서 직접 전화를 하셔서는, 혁진이는 인정을 받으면 열의가 많이 생기는 아이니 3학년이 올라가면 담임 선생님을 찾아뵈라는 권유를 하시면서 전근을 가셨다. 3학년 때 선생님을 찾아뵙고 2학년 때의 담임 선생님의 말씀을 전하고 왔는데, 그때부터 혁진이가 반장을 계속 맡는 등 성격이 변하는 것을 볼 수 있었다. 그런 일들을 계기로 성격은 환경에 의해 바뀔 수 있음을 확실히 알게 되었고, 무엇보다 아이 각자의 성향을 잘 파악해야 한다는 것을 다시 한 번 깨닫게 되

었다.

　그런 탓에 인혜를 키울 때는 인혜를 보다 깊이 관찰하곤 했다. 개구쟁이 오빠와 달리 인혜는 아기일 때부터 조심성과 겁이 많은 아이였다. 하수구 맨홀만 봐도 걸어가다가 앉아서 손으로 만지며 기어서 건너오던 아이가 인혜였다. 인혜가 어릴 적에는 이런 일도 있었다. 그때 우리 집은 단독 주택에서 3층 아파트로 이사를 했는데, 인혜가 놀러 나갔다가 1층에서 집을 못 찾아왔다. 얼마나 겁이 났는지 울지도 못한 채 그냥 왔다 갔다 하다가 내가 찾으러 나가니까 그때서야 참고 있던 울음을 터트리는 것이었다. 그 뒤로 인혜는 밖에는 나가지도 않고 창문으로만 밖을 내다보곤 했다. 나가자고 조르지도 않고 그냥 엄마가 데리고 나가 줄 때까지 기다리는 모습을 보면서 '인혜는 혁진이와는 분명 다르구나. 혁진이를 키우던 방식대로 키워서는 안 되겠구나.' 하고 생각했다.

　그런 고민을 계기로, 인혜의 성향이나 성격과 상관없이 욕심이 앞서는 교육관을 세워 그 틀에 인혜를 맞추지 말자고 생각하고, 어떤 것이 인혜를 인혜답게 키우는 것인지를 늘 고민했다. 그러기 위해서 아이가 오빠나 친구와 놀 때나 혼자 놀고 있을 때면 차분히 그 모습을 지켜보면서 인혜의 부족한 부분, 결함이 있는 부분을 보완해 가려 했다. 보아하니 인혜는 외향적인 끼가 없고 표현력도 없었으며 매우 내성적인 아이였다. 그래서 오히려 성장 과정에서는 스스로 인정을 받고 자신감을 얻는 경험을 주기 위해 다양한 활동을 접하게 했다. 인혜는 그 속에서 정서와 감성이 풍부해지면서 창의성과 독창성이 강해진 듯하다.

아이와 친구 사이의 다리가 되어 주기

나는 인혜가 초등학교 시절에 학교 공부를 인혜가 혼자서 하지 않도록 했다. 이웃 아이들을 불러 모아 놓고서 놀이를 하거나 이야기를 듣는 듯 재미가 생기도록 공부를 시켰다. 무엇보다 공부는 즐겁게 하는 것이 중요하다는 생각 때문이었다. 또 아이들이 시험기간을 부담스러워한다는 생각이 들었던 어떤 날에는, 우리 집에서 모여 공부를 하던 아이들 모두에게 시험 날 아침 등교 길에 인혜와 함께 학교에 가라고 하면서 초콜릿을 예쁘게 포장해서 주었다. 그때 아이들이 좋아하던 우산 모양의 기다란 초콜릿과 동그란 초콜릿 두 개와 '파이팅'이라고 적은 메모를 아이들에게

나눠 주었던 기억이 난다. 달콤한 초콜릿을 먹다 보면 시험 부담이 조금은 줄어들며 마음의 안정을 찾을 수 있고, 초콜릿 성분이 두뇌 촉진과 기분 향상에도 도움을 주리라고 생각한 것이다. 비록 작은 일이지만 그렇게 신경을 쓴 덕분에 인혜는 시험 날 아침에도 침울해하는 일이 없었다.

때로는 부당한 일도 참을 줄 알아야 한다

인혜는 합창단 생활에 기대가 컸다. 방송국에 갈 때면 입구에 서 계신 경비 아저씨부터 만나는 사람 모두에게 밝은 표정으로 "안녕하세요?" 하고 인사를 하면서 이내 방송국을 종횡무진 하는 것이었다. 그리고 합창단 음악 선생님과 무용 선생님의 사랑과 인정을 받으면서 더욱 자신감을 갖는 아이가 되었다. 하지만 덕분에 선배 언니들로부터 질투의 대상이 되었던 것으로 기억한다. 샘 많은 선배들에게 모욕적인 일을 당하기도 했는데, 난 그러한 사실을 알고는 있었지만 개입은 하지 않았다. 인혜가 합창단을 그만두게 할 생각도 추호도 없었다. 인혜 자신이 선택한 일이니 그 정도는 슬기롭게 해결할 수 있어야 한다는 게 내 생각이었다. 인혜가 그러한 일들까지 스스로 견뎌 내는 과정 속에 사회성과 적응력이 키워지리라 믿었다. 하지만 아예 눈을 감고 있지는 않았고, 혹시 큰일이 있을 것이 우려하는 마음에 사람들의 눈에 띄지 않는 범위에서 지켜보기는 했다. 그러면서 나는 인혜에게 선배들이 괴롭히면 괴롭힐수록 더 선배 대우를 잘해 주라고 가르쳤다. 웃는 사람에게 침 뱉는 사람은 없다는 믿음 때문이었다. 그렇게 시간이 흘러 인혜는 최고참 선배가 되었다. 힘든 시기를 이겨낸 덕일까, 인혜는 어린 시절보다 한층 당찬 모습을 변해 있었다.

좋은 취미는 평생의 친구가 된다

인혜를 가르친 교육의 기본 틀은 내 어머니의 교육관이다. 어머니는 나를 키우실 때 나에게 무엇을 시키신 적이 없었다. 나 또한 어머니에게 무엇을 조른 적이 없었다. 하지만 나는 어머니가 시키시지 않아도 내가 해 보고 싶은 일은 다 해 보았고, 그럴 때마다 어머니는 별 말씀은 없었지만 나를 인정해 주시는 무언의 행동을 통해 나에게 자신감을 주셨다. 이를테면 친구들과 재미로 나물을 캐온 날이면, 내가 나물을 다 망쳐 놨어도 꼭 그것을 잘 다듬어 반찬으로 만들어 상에 올려 주셨다. 그렇게 나를 있는 그대로 인정해 주며 자신감을 키워 주시는 적이 많았다.

그런 내 어머니의 교육관이 내가 자신감을 갖는 데 큰 도움이 됐기에, 나 역시도 인혜를 키울 때는 아이의 성격 변화에 도움이 될 수 있는 다양한 활동을 접하게 하는 한편 이래라 저래라 하고 나서기보다는 주로 말없이 곁에서 지켜보았다.

어린 시절에 인혜에게 다양한 특기 활동을 가르치면서도 한 번도 인혜를 질질 끌고 간 적은 없었다. 나는 그것이 매우 중요하다고 생각한다. 나는 인혜에게 새로운 활동을 시키기 전에 그것을 엿볼 수 있는 곳에 인혜를 데리고 가서, 일단은 들어 보거나 만져 보게 했다. 그리고 인혜가 다른 사람들을 구경하며 자신도 배우고자 하는 의지가 생겼는지를 관찰한 후에 비로소 그것을 배우도록 했다. 특히 나는 특기 교육이나 인성 교육을 위해서는 학원을 찾기보다는 현장을 다니는 견학을 하는 것을 중요하게 생각했다. 피아노를 가르칠 때를 예로 들면, 아이의 적성이나 의향도 묻지 않고 일방적으로 피아노 앞에 앉히는 것은 인혜의 자립심이나 자존감을 형성시키는 데 도움이 되지 않는다고 판단하고, 그보다 먼저 피아노 연주회 구경을 몇 번씩 다니곤 했다. 그러면 인혜는 무대 위의 멋진 피아니스트의 드레스를 비롯해 연주하는 모습과 청중들의 박수소리에 매료가 되었다. 그런 뒤에는 백화점에 같이 가서 쇼핑을 하다가 일부러 피아노 매장에 들렀는데, 아이가 어느새 피아노로 달려가서 건반을 치는 것이었다. 그런 단계에 이르러서야 아이에게 "피아노 배우고 싶니?"라고 물어보았고, 인혜의 희망이 여물어 있는 것을 확인하고서 학원에 다니게 했다.

  우선 아이의 호기심을 자극시킨 뒤, 아이가 자의에 의해 배우고자 할 때 가르친 것이다. 그리고 배움을 시작하기 전에는 그것이 스스로 선택한 일이니 책임도 스스로 질 수 있어야 함을 강조했다. 이러한 과정은 아이의 판단력을 비롯해 공정성과 성실성, 잘잘못의 분별력을 키우는 데도 많은 도움이 되었다.

아이에게 정서적인 안정을 주어라

인혜가 고등학교에 입학하고 나서부터 하루도 거르지 않은 게 있다. 매일 거르지 않고 세끼 밥 챙겨 주기와 기도이다. 엄마로서 당연히 한 일이었지만 인혜는 지금도 그때의 일을 많이 고마워한다. 늘 함께해 주는 마음과 정성, 그 사랑을 인혜는 알고 있었다.

  밥 챙겨 주기와 기도. 나는 매일매일 그 일에 엄마의 모든 정성과 사랑을 가득 담아 인혜에게 주었다. 인혜는 그것을 충분히 느끼고 고마워했다. 그 일이 인혜에게 다른 사람의 정성을 소중하게 받아들일 줄 아는 마음을 갖게 한 듯하다. 엄마의 말없는 정성이 다행히도 인성 교육이 된 것이다. 그리고 그러한 마음을 배운 인혜는 늘 주변의 기대보다 좋은 결과를 보여 주곤 했다.

아이들이 정서적으로 안정을 느끼지 못하거나 생활 속에서 즐거움을 찾지 못한다면 학습의 효과는 그만큼 떨어질 수밖에 없다. 때문에 아이에게 정서적인 안정을 주는 것은 매우 중요하다. 정서적인 안정을 위해서 필요한 것은 무엇보다도 정성으로 표현하는 믿음과 사랑이 아닐까.

그런데 믿음과 사랑을 표현할 때, 여유 없이 조급한 마음을 보이는 것은 금물이다. 나는 여유 있는 마음, 남을 돌아볼 줄 아는 겸손한 마음, 남 탓만 하지 않는 긍정적인 마음을 키워 주는 것이 보다 중요하다고 믿는다. 그 속에 꿈을 키우면서 치열한 자기 관리와 노력을 해야 자신이 하는 일에 더 행복할 수 있고 결과도 좋기 때문이다.

사람의 인생에서 '실수'라는 것은 항시 주변에 숨어서 나에게 빈틈이 생기기만을 노리는 도둑 같은 존재다. 도둑은 몰래 안으로 들어와 귀중한 물건만을 가져간다. 실수도 그와 마찬가지로, 우리 안에 슬그머니 들어와서 그동안 쌓아온 소중한 기대, 희망, 꿈까지 가져가 버리곤 한다. 그럴 때 우리는 감당하기 힘든 허무함을 느끼곤 한다. 하지만 사람의 인생은 그렇게 한순간에 허무하게 무너져 내려서는 안 된다. 실수 앞에서 꿋꿋하기 위해서는, 실수조차도 있는 그대로 인정하는 긍정적인 마음도 필요하다. 나는 그러한 긍정적인 마음이 결국 여유를 갖게 하고, 정서적인 안정과 자기가 하는 일에 대한 행복도 가져다 준다고 믿는다.

결과보다 과정을 중요시하는 교육

공부를 할 때 강박감이나 불안한 마음을 갖게 되면 대부분 시험을 망치고 만다. 그러나 학생들은 불행하게도 흔히 강박과 불안을 갖게 되는데, 그 이유 중 첫째가 부모이다. 부모가 아이들을 돌보는 과정에서, 아이가 하는 공부의 과정보다는 결과를 중요시하기 때문이다. 그러다 보면 아이도 저절로 결과에 집착하게 되고, 강박감이나 시험 불안을 마음속에 키우게 된다.

그러한 부작용을 막기 위한 방법은 아이에게 결과보다 과정을 중요시하는 부모의 모습을 보여 주는 것이다. 예를 들면, 결과가 나쁠 때는 아이가 과정에서 보여 준 노력을 칭찬해 주고, 반대로 노력을 안 했는데 결과가 좋을 때는 오히려 과정에서의 잘못에 대해 조언하는 것이다.

어떤 경우에서든 부모가 아이가 이룬 결과에 먼저 실망을 해서는 안 된다. 부모는 결과에 대해 꿋꿋한 모습을 보여 주면서, 오히려 아이를 격려할 수 있어야 한다. 그것이 아이가 공부를 더 잘할 수 있도록 '용기'를 주는 보약이 된다.

진솔한 교감을 나누는 부모 자식의 관계

어린 시절에 인혜는 너무 내성적이어서 자기 생각을 표현하지 못하고 내면으로만 파고드는 경향이 컸다. 그래서 나는 어릴 때부터 인혜가 되도록 말을 많이 하도록 시켰다. 말을 많이 하도록 하기 위해서 나 역시 인혜에게 나의 이야기를 많이 해 줬다. 인혜가 속마음을 감추기보다는 편하게 털어놓게 하려는 방법이었다. 나는 최근에 재미있었던 일부터 내가 과거에 실수했던 일, 내 어머니에게 서운했던 일, 거짓말을 했던 일까지 인혜에게 숨김없이 들려주었다. 진솔하고 인간적인 이야기를 자연스럽게 말로 꺼내도록 하기 위해서였다. 그 덕분에 매우 내성적이었던 인혜는 나중에는 수다쟁이가 될 만큼 표현력이 좋아졌고, 자신의 감정도 잘 표출하는 아이로 변화되었다.

   지금도 인혜는 피곤하고 힘든 하루를 보내고 집에 돌아온 날에도 내게 그날의 시시콜콜한 일까지 들려주곤 한다. 이야기를 하다 보면 새벽이 지나 아침이 밝아 올 때도 있다. 나는 인혜의 이야기를 듣는 재미에 푹 빠지고, 엄마를 믿고 의지하며 이제는 보듬어 주기까지 하는 인혜 덕분에 행복을 느낀다. 인혜 또한 이야기를 통해 그날에 쌓인 스트레스가 풀리면서 더 건강해지리라고 나는 믿는다.

지금도 인혜와 나는 서로의 삶에 도움이 되는 존재가 되기 위해 항상 배우고 노력하는 사이다. 부모 자식 간에도 그러한 노력은 반드시 필요하다. 엄마가 자식에게 엄마의 입장을 알아주기만을 고집하거나 자식이 자기 입장을 이해해주기만을 부모에게 바란다면 서로 지치고 힘들 수 있다.

그런 까닭에 부모 자식 간에도 서로에 대한 배려와 진솔한 교감이 반드시 필요하다. 그래야만 믿음이 단단해지고 그 속에서 희망도 가꿀 수 있는 것이다. 그러한 관계를 이루지 않고서는 어떤 훌륭한 결과도 기대할 수 없다. 부모와 자식이 현명한 관계를 맺을수록 자식은 자신이 타고난 능력 이상을 발휘하게 된다는 것을 나는 인혜를 키우면서 절실히 느낄 수 있었다.

성적을 올리는
공부 스타일링 노하우

삶의 스타일링이 필요하듯, 공부법에도 스타일링이 필요합니다. 그리고 어느 방향으로 어떤 스타일링을 할지는 각자의 개성에 따라 차이가 납니다. 자신이 암기에 강한지 응용문제에 강한지에 따라, 아침형 인간인지 저녁형 인간인지에 따라 공부 스타일링의 방법에도 차이가 생깁니다. 우선은 자신이 어떤 스타일인지를 잘 살펴보아야 합니다. 그리고 여기 소개하는 공부 스타일링 비법들의 도움을 받아 자신만의 공부법을 완성합시다.

요령이 있으면 공부가 쉬워진다

제1부에서 나의 어린 시절을 되돌아 본 것에는 한 가지 이유가 있다. 나의 타고난 성격과 그것이 점차 긍정적으로 변화한 모습을 알기 위해서이다. 앞의 이야기들이 보여 주듯, 나는 유치원과 초등학교 때까지만 해도 지극히 소심하고 자신감 없는 성격의 아이였다. 그런 내가 할 수 있다는 자신감과 끝까지 해내겠다는 끈기와 어떤 도전도 즐길 줄 아는 용기를 얻은 것은 부정적인 성격을 조금씩 긍정적인 쪽으로 변화시킨 꾸준한 노력의 결과이다.

   엄마는 내게 '하지마.' '안 돼.'라는 말을 하시는 일이 거의 없었다. 늘 내가 하고 싶어 하는 것을 지지하며, 드러나지 않게 도움을 주셨다. 무엇보다도 나의 성격을 가장 잘 아셨고, 내 성격에 맞는 교육법을 잘 제시해 주셨다. 엄마의 말씀처럼 나는 인정받고 싶은 욕심이 많은 한편, 나를 자신 있게 내세우지 못했다. 엄마는 그런 내게 무엇보다 성취감을 심어 주어야겠다고 생각하셨다. 잘 위축되고 상처받는 내 성격을 감안해, 무슨 대회에 나가서 상을 받으라거나, 이번 시험에서는 몇 점을 받으라거나, 하기 싫어도 꼭 끝까지 하라거나 하는 강요보다는 내가 작은 목표부터 차근차근 성취하며 즐기듯이 해 나갈 수 있도록 신경을 쓰셨다. 그게 나에게 유효했다는 것을 잘 알 수 있다.

그것이 나에게 맞지 않는 방법이었다면 지금의 나를 완성할 수 없었을 것은 불 보듯 뻔하다. 그래서 더더욱 드는 생각이, 반드시 자신의 성격에 맞는 스타일을 찾아야 한다는 점이다. 그것이 바로 내가 말하고자 하는 '스타일링'이다.

여러분도 모두 제1부에서 내가 어린 시절부터 나를 되돌아보았듯이, 자신의 생활을 돌이켜 보며 고유의 성격과 성향을 분석해 보길 강력 추천한다. 각자 자신에게 맞는 공부법이 따로 있다. 그것을 찾기 위해서는 자신의 스타일을 아는 것이 최우선이다. 그래야만 결국에는 자신에게 맞는 공부 스타일을 완성할 수 있다는 것을 기억하자.

제2부에서 소개할 내용은 내가 나의 스타일을 파악한 후 보다 효과적이고 바람직한 방법을 찾아 내 생활을 스타일링을 했던 경험을 토대로 공부 스타일링 노하우를 정리한 것이다.

나는 드라마 대본을 외우던 경험을 통해 많은 양의 대사를 짧은 시간에 외우는 것이 습관이 되었고 그 덕분에 암기 실력이 늘어났다. 하지만 많은 양을 단시간에 외우다 보니 그 내용을 오래 기억하지 못하고 금방 잊어버린다는 한계를 느끼게 되었고, 그럴수록 암기 후 반복이 중요함을 실감하게 되었다. 그러한 과정을 거치며 깨달은 점이 있었다. 무엇이든 단번에 잘하려는 욕심보다는 꾸준히 오랫동안 노력하는 것이 중요하다는 것이다. 또한 단번에 원하는 목표가 이뤄지지 않는다고 해서 좌절할 필요가 없다는 것, 조금은 여유를 갖고 반복하고 또 반복해서 실력을 높이면 된다는 점을 깨닫게 되었다. 이 일은 내가 나의 스타일과 환경을 분석하며 깨우친 하나의 스타일링의 경험이다.

그렇게 내 안의 조급한 마음을 다잡은 후로는 조금씩 성과를 낼 수 있었다. 나는 그러한 덕분에 갈수록 성과가 향상되는 아이가 되었다. 중간고사 성적보다 기말고사 성적이 좋고, 고1 성적보다 고3 성적이 좋은 발전이 가능했다. 그것을 통해 나는 먼저 욕심을 부리기보다는 꾸준히 분발하는 것이 내게 유효한 방법이라는 것을 알게 되었다. 나는 여러분도 이와 같은 식으로 자신에게 맞는 스타일링 비법을 찾아나갔으면 한다. 정말 공부가 막막한 친구들, 뭐부터 해야 할지가 막연해서 답답한 친구들에게 일단은 나와 같은 방법을 활용해 시작하라는 말을 해 주고 싶다.

동기를 부여하는 이미지 메이킹 공부법

내가 강조하고 싶은 것은, 공부는 결코 지루한 노동이 아니라는 것이다. 요즈음 친구들을 보면 사교육 스트레스가 엄청나다. 물론 높은 목표를 정하고 그것에 매진하여 성과를 얻기란 어떤 일에서든 결코 쉽지 않다. 하지만 부담에 휩싸여 자신을 짓누르는 일은, 부담을 잊고 늘 즐기는 자세로 임하는 사람의 결실보다 좋을 수 없다. 노력보다 강한 것은 즐기는 것이다. 그런데 공부를 즐기기 위해서는 단지 마음가짐을 바꾸는 것 이상의 구체적인 실천이 필요한 법이다.

어린 시절에 나의 집은 놀이방이자 공부방이었다. 우리 집에 있는 모든 물건이 곧 학습교재가 되곤 했다. 내가 셈의 기초를 배운 것도 산수 책을 통해서가 아니었다. 친구들과 심심할 때마다 거실에 펼쳐놓고 하던 부루마블을 통해 셈의 기본을 익혔다. 영어 공부도 마찬가지였다. 어린 시절 우리 집의 '기상송'은 라디오 방송인 〈오성식 팝스 잉글리시〉였는데, 그 덕분에 나는 부모님의 호령과 함께 잠에서 깨는 것이 아니라 라디오에서 〈오성식 팝스 잉글리시〉가 흘러나오면 아침이 되었다는 것을 알았고, 그것을 들으면서 아침을 먹고 잠에서 깨어나곤 했다. 방송에서 들려주는 팝송을 흥얼흥얼 따라 부르다 보니, 자연스레 외국인과 기초적인 대화를 나눌 정도의 실력이 되어 있었다. 그러는 동안 나는 한 번도 영어 때문에 골치가 아픈 적이 없었고 영어가 스트레스를 주는 법도 없었다. 아주 기초적인 수준이더라도 일단 그렇게 흥미를 얻고 나면 나중에 더 어려운 심화 과정을 익히더라도 두려움을 갖거나 지루함을 느끼는 대신, 그 전에 지닌 흥미를 토대로 계속 도전할 수 있게 된다.

자신이 즐겁게 할 수 있는 공부 요령을 찾는 것이 중요하다. 그리고 즐거운 공부를 위해 가장 중요한 것은 늘 동기부여를 하는 것이다. 상을 받는 것, 칭찬을 듣는 것, 누군가에게 잘 보이는 것, 이런 사소한 동기도 모두 학업을 즐기기 위해 꼭 필요한 것들이다. 공부를 통해 나를 보다 멋지게, 보다 자신만만하게, 더 돋보이게 하겠다고 욕심을 품는 것도 바로 동기부여 학습법이라고 할 수 있다. 그것을 통해 매순간의 성과에 욕심을 품다 보면 어느덧 큰 결실을 차지할 기회를 얻을 수 있다. 동기부여의 요소를 스스로 찾아내는 것이 중요하다. 이 요령을 안다면 공부법의 절반은 완성되는 셈이다.

공부효율을 높이는 시간 활용법

무엇을 해야 하는지를 알았다고 해서 목표가 이루어지는 것은 아니다. 그 무엇을 이루기 위해서 어떻게 해야 하는지를 제대로 알아야 한다. 중고등학생 시절은 일생을 위한 토대를 다지는 시기이기 때문에 해야 할 일이 엄청나게 많다. 나는 청소년들이 사회생활을 하는 어른보다 한가하다고 생각하지 않는다. 늘 배우고 익혀야 하는 과제가 넘쳐나기 때문이다.

나는 학업 외에도 방송활동을 병행하느라 시간이 특히 부족했다. 그리고 학업이든 방송활동이든 가장 잘하는 사람이 되고 싶었기 때문에 한시도 긴장을 늦출 수 없었다. 그러나 주어진 시간은 정해져 있다. 그렇다면 문제는 그 주어진 시간을 어떻게 효과적으로 사용하느냐이다.

어떤 일에서나, 무슨 일에서나 마찬가지이다. 효과적인 시간 계획을 세우고 그것을 철저히 지키는 노력이 반드시 필요하다. 나는 학창시절에 아침마다 그날의 시간표를 새로 적었다. 나의 시간표는 몇 시부터 몇 시까지는 수업, 몇 시부터는 촬영이라는 식으로 해당하는 시간에 해야 할 굵직한 일을 기록하는 것에 그치지 않았다. 나는 분 단위로 촘촘하게 시간표를 짰고 내가 해야 할 과제를 구체적으로 나눠서 배치했다. 이를테면 1교시 쉬는 시간 5분 동안에는 수학 문제 2개 풀기, 2분 쉬고 남은 3분 동안에는 다음 과목 예습. 수업이 끝나고 촬영장 가는 차 안에서는 영어 단어 20개 외우기, 촬영 대기 시간 동안에는 오답 노트 보기 같은 식이다. 그다음 날에는 새로운 과제가 생겨 있기 마련이다. 아침마다 그날 할 일을 머릿속으로 떠올린 후, 그것들을 어떻게 해낼지를 세세하게 계획하는 습관을 들여야 한다.

  하루하루의 계획뿐만 아니라, 한 학기의 과제, 방학 동안의 과제, 한 학년 동안의 과제를 시기마다 떠올리고 계획을 세워 실행하는 것도 중요하다. 나는 방학 동안 늘 전쟁을 치르듯 보내곤 했다. 방학 동안의 나의 과제는 주로 국영수 선행학습이었다. 학기 중에는 촬영 때문에 수업에 빠지는 경우가 많기 때문에, 진도에 뒤처지지 않기 위해서는 선행학습이 필수였다. 특히 국영수는 큰 맥락을 모른다거나 '감'을 잃으면 그날그날 열심히 한다고 해도 실력이 감퇴할 수 있으니, 선행학습을 통해 진도를 조금씩 앞지를 필요가 있다.

  준비하는 자만이 성과를 얻을 수 있다. 늘 구체적인 시간 계획과 철저한 시간 관리로 임해야 원하는 결과를 얻을 수 있다는 것을 명심하자.

악바리가 되는 것도 방법이다

우리는 두려움 때문에 악바리가 되지 못한다. 두려움의 원인에는 성격 탓도 있을 것이다. 이렇게 해도 될까. 해 봤자 못했다고 사람들이 흉보지 않을까. 사람들이 나를 극성이라며 욕하진 않을까. 나는 내가 원하는 결과를 낼 수 있을까 하고 고민하는 성격이 두려움을 낳는다.

고등학교 체육 시간 때의 일이다. 그날은 농구 실기 시험을 보았는데, 선생님께서 시험을 치르고 싶은 만큼 치를 수 있게 해 주셨다. 친구들은 두어 번 정도 시험을 치르고서 어느 정도 점수에 만족하고는 다른 것을 하며 놀고 있는데, 나는 서너 번 시험을 치르고도 내 점수에 만족할 수가 없었다. 하지만 선생님께서 시험을 무한정 치를 수 있게 해 준다고 하지 않으셨나. 나는 점수가 잘 나올 때까지 계속 시험을 치렀다. 결국 다른 친구들이 모두 다른 곳으로 가 버리고, 나와 선생님만 농구 골대 아래 남게 되었다. 그래도 나는 만점이 나올 때까지 시험을 포기하고 싶지 않았다. 그러고도 한 열 번쯤 더 "선생님 다시요.", "선생님 한 번만 더요.", "선생님 이번에는 잘할 수 있어요."라는 말을 거듭했다. 결과는? 물론 만점이었다.

그런데 그날 내가 얻은 것은 좋은 점수뿐만이 아니었다. 나는 본의 아니게 따가운 시선을 받기도 했다. 성적에 그렇게 욕심을 내는 모습이 얄미웠는지, 들으라는 듯 내 흉을 보는 친구들이 있었다. 나는 그런 친구들의 시선이 두렵기도 했다. 하지만 내 생각은 확고했다. 나는 하면 할수록 내 점수가 올라가는 것이 좋았고 할 수 있는 기회가 있는 이상 끝까지 하고 싶었을 뿐이다. 따로 나만 점수를 더 달라는 것도 아니었고 나만 더 많은 기회를 달라고 요구한 것도 아니었다. 모든 아이에게 동등하게 주어진 기회 속에서 내 최선을 다한 것이었다. 그래서 나는 공부에 임하는 친구들에게 꼭 강조하고 싶다. 악바리가 되는 것을 두려워하지 말자. 악바리처럼 자신의 다짐을 이루는 것은 욕을 먹을 일도 부끄러운 일도 결코 아니기 때문이다.

당시 친구들 중에는 수능만 잘 보면 되지 체육 실기 점수가 뭐가 중요하냐는 생각에서 일찌감치 만점을 포기하는 아이도 있었다. 하지만 나는 뭐든지 최선을 다하는 것이 좋았다. 아무리 작은 시험, 사소한 일이라도, 내게 주어진 일에 내가 할 수 있는 최선을 다하는 것이 나의 진정한 목표이기 때문이었다.

그리고 작은 일에도 의욕을 불태우다 보면 뜻하지 않은 기회에 큰 이익을 얻기도 한다. 내가 입시를 치를 때, 그전까지는 내신 성적이 입시에 큰 비중을 차지하지 않다가 갑자기 수시 모집이라는 제도가 생기면서 내신이 상당히 중요해졌다. 당시 갑작스럽게 생긴 제도 때문에 친구들은 우왕좌왕했지만 나의 경우 그동안 차근차근 챙겨 온 내신 성적이 5점 만점에 4.8점으로 1등급이었으며, 그 외에도 학생회장 활동, 각종 대회 수상경력 등이 큰 혜택이 되어 주었다. 만약 내가 수능에만 매달렸다면 원하던 결과를 내지는 못했을 것이다.

공부 스타일링 #1
동기부여 노하우

영화 〈금발이 너무해〉는 미인대회 출신으로 외모를 꾸미는 데만 온통 관심이 있어서 잠옷이며 거울, 수첩, 가방, 구두, 옷 등을 모두 핑크빛으로 치장하던 엘리 우즈(리즈 위더스푼 분)가 자신이 '너무나 금발'이라서 싫다며 이별을 통보하고 떠난 옛 애인을 따라서 하버드 법대에 들어가고 이후 워싱턴의 국회로 진출한다는 내용의 로맨틱 코미디이다. 아무리 사랑의 힘이 위대하다고 하지만 온통 외모에 관심이 있던 '핑크 공주'가 변호사로 대성하고, 국회에서 동물보호법에 대한 법률 개정을 이뤄 내는 놀라운 과정을 보면 '에이, 실제로도 저런 일이 있을 수 있을까?' 하며 의심을 보내게 된다.

하지만 한 가지 인정할 수밖에 없는 것은, 엘리 우즈가 법에 대한 지식이나 논리력 등의 실력에서는 남보다 부족할지 몰라도 빠른 두뇌 회전력과 순발력만큼은 놀랍도록 탁월하다는 점이다. 그리고 무엇보다도, 엘리 우즈는 자신이 어떤 순간에 어떻게 해야 능력을 잘 발휘할 수 있는지와 자신이 어떤 분야에서 최선을 다할 수 있는지를 명확하게 파악하고 있다는 점이 대단하다.

자신을 온통 핑크빛으로 치장하는 엘리 우즈를 우리는 극성이라고 흉보지만, 사실 자기가 좋아하는 것들을 통해 스스로 기쁨을 찾고 자극을 얻는 그러한 생활 방식은 상당히 중요하다.

상을 타겠다고 결심하는 것, 칭찬을 받겠다는 욕심을 갖는 것을 비롯해 자기 주변을 자기가 좋아하는 물건이나 분위기로 꾸미는 것도 주체적인 동기부여 방법이라고 할 수 있다.

엘리 우즈는 새로운 사무실에서 자신의 책상을 꾸밀 때도, 동료들이 하듯 두꺼운 법전만을 늘어놓는 것이 아니라 자기가 좋아하는 핑크빛 박스, 핑크빛 액자를 세워 놓는다. 어려운 법률 공부를 할 때에도 분홍색 털이 달린 펜으로 줄을 치고 메모를 한다. 모두가 무채색 정장을 차려 입는 국회에 갈 때도 자신에게 가장 잘 어울린다고 믿으며, 자신감을 북돋아 준다고 생각하는 핑크빛 옷을 입는다. 엘리 우즈는 스스로 열정을 발할 수 있는 환경을 만드는 영민함을 지니고 있었던 것이다.

취향을 입히면 공부 습관이 붙는다

공부를 할 때 자신이 좋아하는 것들을 활용해 동기를 부여하는 것은 성적을 끌어올릴 수 있는 손쉬운 방법이다.

누구나 신학기 때 교과서 포장을 해 봤을 듯하다. 원래의 목적이야 책의 가장자리를 상하지 않게 하는 것이겠지만 이왕이면 다홍치마라고, 자신이 좋아하는 배우의 사진이나 멋진 풍경, 그림 등으로 포장한다거나 좋아하는 색깔의 포장지로 감싸면 책을 펼 때 훨씬 기분이 좋아지지 않을까. 나는 주로 직접 그림을 그려 넣은 도화지로 책을 포장하곤 했다. 그리고 여러 가지 사진을 모아 모자이크처럼 만들어 포장을 했다. 그렇게 포장을 해 두면 교과서를 볼 때마다 뿌듯한 기분이 들어서 표지를 손으로 한 번 쓱 쓰다듬으며 책을 펼칠 수 있었다.

여러 과목의 책이 주르륵 꽂혀 있을 때도 내가 가장 좋아하는 사진이나 그림으로 포장이 되어 있는 책에 가장 먼저 손이 갔다. 그런 심리를 이용해서, 내가 좋아하는 과목인 국어나 도덕 교과서보다, 내가 어려워하는 수학과 과학 교과서의 표지를 일부러 더 좋아하는 포장지로 꾸미기도 했다. 그래야 공부할 때도 미루지 않고 먼저 펼치게 되기 때문이다.

연필, 펜, 자 등 문구류를 좋아하는 나에게 가장 효과적인 동기

부여 용품은 만능 필통이었다.

초등학교 때는 2층 필통을 썼다. 필통 위 칸에는 가위를 비롯해 자와 샤프심 등을 넣고, 아래 칸에는 연필과 샤프, 색깔별 펜을 넣어 두었다. 이뿐이 아니었다. 내 필통을 공부 필통처럼 꾸미는 비장의 아이템이 있었으니 바로 껌 종이였다. 나는 1층에 넣어 둔 펜 밑에는 껌 속지의 은박지를 가루로 부숴서 깔아 놓았다. 그러면 마치 하얗게 내리는 눈이나 반짝이는 보석 같았다. 그러면 필통을 열어 펜을 꺼낼 때마다 마치 동화 속 공주가 된 기분에 사로잡히곤 했다. 어릴 때는 친구들 앞에서 필통을 여는 순간이 얼마나 뿌듯했던지, 굳이 필통을 열 일이 없는데도 괜히 친구들에게 공부를 같이 하자고 끌어당기며 보란 듯이 필통을 열어 보이기도 했다.

공부병이라고 놀리지 말자! 〈금발이 너무해〉의 엘리처럼 남들이 유난스럽다며 흉볼지는 몰라도, 자신이 좋아하는 취향으로 공부하는 환경을 꾸미는 것은 중요한 동기부여 방법이기 때문이다.

딱 한걸음 앞의 목표를 떠올려라

동기부여를 위한 목표는 멀고 높은 목표보다 당장에 이룰 수 있는 구체적인 목표로 세우는 것이 좋다. 이를테면, '전교 50등 향상',

'수능 100점 올리기' 같은 식으로 목표를 세우는 것보다, '오늘 국어 2단원 두 번 보기', '쉬는 시간에 수학 문제 3개 풀기'처럼 당장 실행하고 결과를 체크할 수 있는 목표로 세워야 한다. 그래야 집중력도 높아질 수 있다.

공부를 하다 보면 수시로 슬럼프에 빠진다. 그럴 때 마음을 다잡기 위한 방법으로 자신의 목표를 크게 적어 책상 앞에 붙이곤 한다. 그런데 그 종이 위에 어떤 목표를 적곤 했는지 생각해 보자. TV에서 보면 가장 흔한 것이 '서울대 합격'이라는 목표다.

그런데 그런 식으로 목표를 정하고 보면 당장에 동기부여가 안 될 뿐만 아니라, 그 목표를 이루기 위해 지금 당장 시작해야 하는 일이 무엇인지는 여전히 확실하지 않다. 목표를 정하는 것부터 요령이 필요하다.

지리산을 오르고 있다고 생각해 보자. 노고단에서 출발하여 정상인 천왕봉까지 오르는 것이 목표이다. 그런데 목표만 생각하면서 내쳐 걷다 가는 마음도 괴롭고 다리도 천근만근이다. '저 등성이만 넘고 쉬자.', '5분 후에 물을 마시자.', '5시까지 세석 산장에 도착해서 30분 동안 저녁을 먹자.' 처럼 구체적인 목표로 산행을 이끄는 것이 훨씬 도움이 된다. 공부도 마찬가지이다. 목표를 구체적인 내용으로 쪼개서 수시로 성취감을 얻을 수 있도록 하는 게 현명하다.

체력으로 의욕을 높여라

공부는 엉덩이로 하는 것이라는 말이 있다. 장시간 집중하는 능력이 공부의 성과를 좌우한다는 말이다. 오랜 시간을 앉아 있기 위해서 가장 필수적인 것은 쉽게 지치지 않는 체력이다.

시들시들한 정신 상태와 금방이라도 쓰러질 것 같은 컨디션으로는 제대로 공부를 할 수가 없다. 컨디션이 좋지 않을 때 대부분 정신력으로 버텨내려고 하지만, 정신력으로 버티는 일 자체가 체력을 더욱 소진시킨다. 만성 피로 상태가 되면 결코 효율적인 학습을 할 수가 없다. 강인한 정신력의 바탕도 튼튼한 체력이다.

체력을 기르기 위해 건강식품이나 약을 복용하는 친구들이 있는데, 그것은 궁극적으로 체력을 향상시켜 주는 방법이 못 된다. 각성의 효과가 있을지는 몰라도 장기전인 공부를 해 나가는 데 든든한 지원군이 되어 주지는 못한다. 체력을 높이는 가장 좋은 방법은 바로 운동이다.

시간을 쪼개가며 쓰더라도 워낙 해야 할 일이 넘쳐나기 때문에 운동할 시간이 거의 없다고들 한다. 누구나 마찬가지이다. 하지만 시간이 없다는 이유로 운동을 하지 않는다면, 앞에서 말한 것처럼 시들시들한 상태로 지쳐가는 수밖에 없다. 아무리 시간이 없더라도 운동하는 시간을 반드시 마련하도록 하자. 꾸준히 운동을 한다면 체력이 점차 향상되고, 남은 시간을 활용할 때의 집중력도 높아지기 때문에 오히려 학습 능률이 향상되는 것을 느끼게 될 것이다.

경쟁도 좋은 약이다

중학교 1학년 때 항상 머리를 맞대고 공부하던 단짝이 있었다. 시험기간이면 우리 집이나 도서관에서 같이 공부를 하는데 가끔 나태해지다가도, 어느새 친구가 시험 범위를 다 훑었다며 나보다 먼저 책을 덮고 가방을 싸는 모습을 보면 그때부터 정신이 번쩍 나 공부에 박차를 가하곤 했다. '어. 얘는 집중해서 했는지 벌써 다 끝났네. 나도 분발해서 얼른 마무리 해야지.'라며 자극을 받은 것이다.

때때로 경쟁 상대 때문에 스트레스를 받을 수 있지만 본인이 스스로 감당할 수 있을 만큼의 스트레스는 한 사람이 성장하는 데 긍정적인 영향을 미친다. 혼자서도 늘어지지 않고 나태해지지 않고 열심히 하는 사람도 있겠지만 대개는 비교 대상이 있으면 보다 자극을 받게 되고, 자연스레 뒤에서 밀고 앞에서 당겨 주는 효과를 얻기 때문이다.

수영 선수들도 기록 향상을 위해서는 옆에서 함께 경쟁이 되어 주는 사람이 필요하고, 마라톤을 할 때도 페이스메이커가 항시 따라붙으며 처지지 않도록, 너무 오버 페이스로 무리하지 않도록 조절해 준다.

경쟁자는 자신의 현재 위치를 파악하는 데 가장 좋은 기준이 되기도 한다. 비교 대상이 있어야 자신이 어느 정도 위치에 있는지 알 수 있고, 얼마나 발전하고 있는지도 깨달을 수 있기 때문이다.

경쟁 상대의 유무만큼 중요한 것은 바로 그런 비교 대상을 누구로 정하느냐이다. 나 같은 경우는 멀리 있는 상대보다 나와 근거리에 있어 늘 바라볼 수 있되, 나보다 실력이 월등히 뛰어난 사람보다는 나보다 반걸음 정도 앞서 있는 사람을 마음 속 경쟁 상대로 정하곤 했다. 조금씩 달라지는 내 모습을 보면서 성취감을 자주 얻는 것이 중요하다는 판단에서였다. 그래야 자신감을 키울 수 있고, 흔들리지 않고 좌절하지 않고 꾸준히 노력할 수 있기 때문이다.

목표를 너무 높게 잡으면 바라보는 것만으로도 숨이 턱에 차 오르고 지레 지칠 우려가 있다. 때문에 반걸음쯤 앞서가는 사람을 보면서, 부지런히 노력하면 그 사람만큼 할 수 있다고 자신을 부추기면서 경쟁을 하는 것이 현명하다.

TIP 공부가 재미있어지는 동기부여 노하우
- 자신의 취향에 따라 공부 환경을 만들어 주자.
- 당장 실행할 수 있는 가까운 목표를 세워라.
- 체력 관리는 공부의 기본!
- 경쟁은 나의 실력을 키워 주는 약.

공부 스타일링 #2
시간 관리 노하우

 시간 관리의 중요성은 더 강조하지 않아도 다들 잘 알고 있을 것이다. 한정된 시간을 효과적으로 쓰는 능력에 따라 성적 향상의 성패가 좌우된다고 말해도 과언이 아니다.

 누구에게나 주어진 시간은 같다. 그 시간 동안 최대한의 성취를 하느냐 못 하느냐는 무엇보다 시간을 활용하는 요령에 달려 있다. 나의 경우, 학업 외에도 방송 활동을 병행하느라 시간이 특히 부족했다. 아무리 시간을 쪼개가며 쓰더라도 늘 시간이 없었다. 그럴수록 주어진 시간을 효율적으로 쓰는 요령이 중요했다.

 시간 관리라는 말을 들으면 대부분 압박감을 느끼면서 괴롭다는 반응을 보인다. 뒤돌아 볼 시간도 없이, 앞만 보고 달리는 경주마가 된 듯 빠듯하게 생활하는 것만으로도 지치는 데 그나마 부족한 시간을 쪼개고 쪼갠 후 철저하게 관리해야 한다는 말에 피로가 먼저 몰려온다는 것이다. 하지만 시간 관리의 요령과 습관화는 비단 학업을 위해서 뿐만 아니라 자신이 원하는 일을 제대로 하고자 하는 이라면 누구나 습득해야 하는 기본 습관이라고 할 수 있다.

주어진 시간을 효율적으로 사용하고, 철저하게 관리하는 것. 그렇게 자신을 관리하는 것은, 알고 보면 일상을 삭막하게 하는 것이 아니라 오히려 활력과 성취감을 선사하는 귀한 능력이다.

하고 싶은 일이 많은 사람은 그만큼 시간의 모자라다는 것을 절감한다. 그렇다면 하고 싶은 일을 줄여야만 할까. 만약 시간이 없다는 이유로 하고자 하는 일을 포기한다면, 결과적으로 적은 목표만을 달성하게 된다. 하고 싶은 일이 많을수록 시간을 잘 관리해야 하는 필요가 커진다.

하고 싶은 일을 포기하지 말자. 많은 것에 도전하자. 시간을 제대로 관리하는 요령이 그 꿈을 이룰 수 있도록 도와줄 것이다. 시간은 잘 사용할수록 오히려 늘어난다는 것을 꼭 기억하자.

공부 분량보다 공부할 시간을 정하라

앞에서도 공부는 엉덩이 붙이기 싸움이라는 이야기를 했지만 마냥 오래 앉아 있다고 해서 성적이 오르는 것은 아니다. 앉아 있는 동안 무슨 공부를 어떻게 하겠다는 계획이 있어야 하며 어떤 목표를 달성할지를 염두하고 있어야 한다.

넉넉하게 시간을 잡고 공부할 때보다 짧은 시간 동안 해낼 공부 목표를 정한 후 '데드라인'을 떠올리며 공부하는 것이 효과적이다. 데드라인을 머릿속에 넣고 공부를 하면, 긴장감에 의해 훨씬 뛰어난 집중력을 발휘하게 된다. 마치 시험을 몇 분 남기고 이른바 '초치기', '분치기'를 할 때와 같은 효과를 보는 것이다. 이러한 장점을 평소에 활용하도록 하자.

나는 학습 계획을 세울 때, 공부할 분량이 아니라 공부할 시간을 계획했다. 공부할 분량을 정해서 하면, 중간에 막히는 부분이 있어서 계획한 분량을 소화하지 못할 경우, 성취감도 떨어질 뿐 아니라 의욕도 감퇴한다. 그리고 아무 도움도 되지 않는 미련에 사로잡혀 진도를 더 나가지 못하고 그 자리에서 맴돌기 쉽다. 그렇게 되면 무엇보다도 여러 과목을 골고루 보지 못한다는 문제가 생긴다. 여러 과목을 골고루 공부하게 되는 동시에, 진도가 막혀 제자리걸음을 하는 난감한 상황을 피하는 간단한 방법이 바로 과목별 공부 분량을 정하는 대신 공부 시간을 계획하는 것이다.

매일 아침마다 꼼꼼히 타임스케줄을 짜라

성공하는 사람을 위한 필수품이라는 수식어가 붙은 프랭클린 다이어리에도 가장 큰 공간을 차지하는 것이 그날의 해야 할 일을 중요한 순서대로 적는 칸이다. 그날 해야 할 일을 아침마다 계획하는 것은 스스로의 진도를 점검하고, 자칫 안일해지기 쉬운 마음을 다잡는 데도 효과적이다. 물론 계획만 세우고 그것을 해내기 위해 노력하지 않는다면 시간 낭비에 불과하다. 계획을 세운다는 것은 무엇보다도 하겠다는 의지를 기록하는 것이다. 계획은 늘 하루 일과를 시작하기 전인 아침 시간에 세우도록 하고 철저히 지키기 위해 끊임없이 환기하도록 해야 한다.

나는 촬영을 하러 가는 시간이 워낙 일정치 않을 뿐만 아니라 촬영 일정이 발표되었다고 해도 실제로 알려진 시간에 촬영이 끝난다고 장담할 수 없는 상황이 계속되었기 때문에, 정확히 공부를 시작하고 마칠 시각을 계획하기가 힘들 때가 많았다. 나는 그럴 경우에는 공부할 시간을 정하는 대신에 그날 공부할 과목만을 정해 메모해 두고, 틈나는 대로 진도를 나가며 체크를 했다.

학교에 출석해서 종일 공부를 할 수 있는 날에는, 앞에서 말했듯이 어떤 과목을 몇 시간 동안 공부할지를 그날 아침에 계획했다. 오전 자율학습 시간에는 국어, 3시간의 야간 자율학습 시간 중 처음 1시간 동안에는 사회탐구, 다시 1시간 동안에는 과학탐구, 남은 1시간 동안에는 영어, 이런 식으로 계획을 세웠다. 이 모든 것을 미리 계획하면, 학습 계획을 잘 지키고 있는지를 체크할 수 있다는 장점이 있다. 그 외에도 자신이 그날에 할 일을 알고 시작하는 하루와 계획 없이 텅 빈 상태로 시작하는 하루 사이에는 큰 차이가 있기 때문에 더욱 중요하다. 그리고 계획을 세운 것은 포스트잇에 적어 늘 보이는 곳에 붙여 두고 확인하는 것이 효과적이다.

시험 전 막판 대비 요령

시험 전날이면 거의 누구나 공통적으로 하는 생각이 있다. '남은 시간이 하루만 더 있었으면······.' 그런데 그렇게 생각하며 아쉬워하기보다는 지금 남아 있는 시간을 효율적으로 사용하기로 마음먹는 것이 바람직하다는 것은 두말할 필요도 없다. 시험을 앞두고 단 하루가 남아 있는 것은 옆 친구에게도 똑같기 때문이다.

　시험 대비는 2주 전부터 돌입하도록 한다. 시험 준비 기간을 너무 길게 잡는 것도 집중력을 떨어트릴 수 있다. 우선 시험이 2주 남은 시점부터, 시험 범위를 전체적으로 훑는 공부를 시작한다. 전체 과목의 시험 범위 내용을 빠른 속도로 파악하면서, 남은 2주의

기간 동안 하루에 해야 할 공부 분량을 나누어서 계획을 세우도록 한다. 이 시기에는 항상 전 과목의 책을 가지고 다녀야 한다. 시험 2주 전 준비 기간에는, 한 과목 한 과목을 완전히 마스터한다는 생각으로 매달리지 말고 전체적으로 모든 과목의 시험 범위를 훑으면서 아는 부분을 확실히 다지는 것을 우선적인 목표로 삼는다.

시험이 1주 남은 시점에서는 본격적으로 각각의 과목을 공략해야 한다. 그러기 위해서 특별한 타임스케줄을 세워야만 한다. 이때는 1주 후에 있을 시험과목을 일주일 전 요일에 공부하도록 계획하는 것이 좋다. 다음 주 월요일에 국어 시험을 본다면 한 주 전 월요일에 국어를 공부하는 것이다. 국어 공부가 조금 부족하다고 생각되더라도, 화요일에는 다음 주 화요일에 시험 보는 과목을 공부해야만 전체 과목을 빠짐없이 공략할 수 있다.

아는 부분을 확실히 알도록 하는 방법으로는 그동안 풀었던 문제들을 다시 풀어 보고 정리하는 방법이 좋다. 그리고 평소에 만든 오답노트를 집중적으로 살펴본다. 시험 한 주 전에 기본기를 다시 다지겠다고 욕심을 부리는 것은 위험한 일이다. 일주일 사이에 기본기를 얻기도 힘든 일이지만, 그렇게 특정 과목, 특정 단원에 욕심을 내다보면 다른 과목들을 줄줄이 포기해야 되는 상황이 생기기 때문이다.

일주일 전부터 시작해 한 주일 동안 시험 과목 전부를 훑고 나면 시험 전 마지막 주말이 찾아온다. 주말은 일주일 동안 진행한 시험 공부 계획에서 구멍 난 과목을 공부하도록 한다.

방학을 이용한 선행학습 요령

학기 중에는 수업 시간에 진도를 나가기 때문에 뒤처지고 있다고 해도 진도를 멈추고 따라잡을 수가 없다. 진도에서 뒤처지다 보면 앞으로 배울 내용을 예습할 여유도 생기지 않는 악순환이 반복된다. 이런 일을 막기 위해서는, 수업 진도가 나가지 않는 방학을 잘 활용해야 한다.

방학 때는 다른 과목보다 국어, 영어, 수학의 선행학습이 필수이다. 이런 과목들은 암기 과목과 달리 한 번 진도를 놓치면 따라가기 힘들고 헤매기 쉽다. 그래서 특히 이 과목들은 학기 중에 감을 잃지 않기 위해서도 선행학습이 꼭 필요하다.

선행학습의 요령은 우선 전체를 훑는 것이다. 교과서를 펼쳐 차례를 보면 우리가 공부하고자 하는 내용의 맥락을 짐작해 볼 수 있다. 고등학교 수학을 예로 들자면, 인수분해, 방정식, 부등식, 함수의 순서로 내용이 등장하는데, 이렇게 순차적으로 공부해야 하는 이유가 있기 마련이다. 전체를 훑을 때는 이 내용들이 무엇을 뜻하는지를 추측하며 맥락을 찾는 것을 우선으로 한다. 그 맥락을 깨치면 각 단원의 세부적인 내용을 공부하는 데도 큰 도움이 된다.

방학 때는 주로 전체를 훑고, 학기 중에는 단원별 예습과 복습을 철저히 하도록 한다. 그리고 방학 때 깨친 맥락을 기본으로 삼아 응용문제를 많이 풀어 보는 것이 중요하다. 응용문제 풀이를 통해 기본기를 다지는 한편 세세한 요점들을 파악하고 암기하는 것이다. 그리고 응용문제 풀이를 통한 예습은 너무 앞서 나가기보다 진도보다 한 단원 정도만 앞서 나가는 것이 바람직하다. 진도를 너무 추월해서 저 앞에서 혼자 공부를 하다 보면 학교 수업과 잘 연결이 안 될뿐만 아니라, 자칫 공부가 지루해질 수 있기 때문이다. 방학 중의 기본기 학습과 학기 중의 세세한 예복습, 이 두 가지를 철저하게 한다면 교과 학습의 빈틈을 줄여 갈 수 있다.

그리고 학기 중에 진도를 충분히 학습하지 못할 경우를 위해 방학 때 준비해야 할 것이 있다. 바로 EBS 교육방송이다. EBS 교육방송은 학교 진도와 마찬가지로 연이어 진도를 나가기 때문에, 이것을 녹화해 두었다가 학교 진도를 학습하다 부족할 때 복습용으로 활용하는 것이 좋다. 주말을 이용해 여러 개의 녹화를 죽 듣는 것도 효과적이다. 이 방법은 학원 강의를 듣는 것보다 자신에게 필요한 특정 부분을 찾아서 보충할 수 있기 때문에 더욱 효율적이다.

방학 동안 국영수 공부가 우선이라고 하지만, 과학 탐구와 사회

탐구 공부 역시 중요하다. 이 과목들도 방학을 이용해 사전 학습을 해 놓자. 마찬가지로 전체 내용을 훑으면서 맥락을 깨치는 것이 우선이다. 그리고 특히 이 과목들은 방학을 이용해 기본적인 사항들을 미리 암기하도록 하는 게 좋다. 하지만 세세하고 꼼꼼하게 암기하기보다는 굵직굵직한 핵심을 골라서 암기하는 것이 요령이다. 다음 학기에 배울 단원들의 골격을 미리 파악하는 것이다. 그것을 통해 학기 중에 꼼꼼히 암기해야 할 것이 무엇인지도 더불어 점검해 둔다. 그리고 학기 중에는 국영수 과목과 마찬가지로 응용문제를 찾아서 푸는 것에 집중하도록 한다.

혼자 소화하는 시간을 가져라

나는 툭하면 결석하고, 툭하면 조퇴하는 일상 때문에 한자리에 앉아 꾸준히 공부하는 일이 좀처럼 쉽지 않았다. 그래서 학원 보충수업과 과외를 받기는 했다. 그런데 나는 학원 수업이나 과외를 받은 시간이 생각만큼 많지는 않았다. 이보다 중요한 것은 바로 혼자서 공부한 내용을 정리하는 시간이었다. 수업을 2시간 들었다면 최소한 그 절반인 1시간 정도는 혼자서 수업 내용의 요점을 정리하고, 원리를 되새기고, 관련 문제를 풀어 보는 자기만의 학습 시간을 가져야 한다. 누군가의 도움을 받는 수업 외에 꼭 스스로 학습하는 시간이 필요하다는 말이다. 공부한 내용이 자기 안에서 소화되는 것은 바로 그 시간을 통해서이기 때문이다.

   학원 선생님이나 과외 선생님과 문제를 함께 풀 때는 다 아는 것만 같다가도 혼자서 하려고 하면 반드시 모르는 부분이 나오곤 한다. 그래서 자기가 잘하는 부분과 못하는 부분을 제대로 파악하는 것은 혼자 공부하는 시간에 이루어진다. 아무리 족집게로 소문난 스타 선생님이 예상 문제를 뽑아 준다고 해도 그것을 이해하고 소화하는 과정을 빼먹는다면 진정한 공부가 되지 않는다.

자투리 시간 활용이 바로 경쟁력

친구들에 비해 공부할 시간이 절대적으로 부족했던 나는 저절로 자투리 시간을 활용하는 요령이 몸에 붙었다. 나는 촬영장에 있을 때도 내 촬영 분량 이외의 시간에는 늘 교과서나 문제집을 보았다. 같이 출연하던 아역 배우들은 카메라 화면을 보거나 또래 아이들과 어울려 놀면서 시간을 보내곤 했다. 하지만 나는 성적이 떨어지면 방송 일을 그만두겠다는 약속에 매인(?) 몸이라서 여유를 가질 수가 없었다. 자투리 시간에라도 문제집을 펼치지 않으면 금방 진도를 놓칠 것 같았기 때문에 촬영 대기 시간에도 긴장을 늦출 수는 없었다.

친구 연기자들은 밥을 먹으러 간다고 촬영장에서 외출을 하기도 했는데, 나는 잠깐의 시간이라도 공부에 쓰기 위해 도시락을 싸들고 다녔다. 그러다 보니 나만의 자투리 시간을 활용하는 노하우도 갈수록 늘어났다.

공부는 진득하게 해야 한다는 건 누구나 말하는 정설이다. 물론 맞는 말이지만, 워낙 해야 할 일이 많고 변수도 많은 우리들에게는 쉽지 않은 일이다. 그럴수록 자투리 시간을 잘 활용하는 것이 중요하다. 자투리 시간을 절대 무시하지 말자. 그것이 모이고 쌓이면 엄청난 공력을 발휘할 수 있으니!

> **Tip** 공부 효율을 높이는 시간 관리 노하우
> - 많이 하는 것보다 짧은 시간 동안 집중적으로 하는 것이 좋다.
> - 하루 동안 지킬 '공부 시간표'를 짜라.
> - 시험 준비는 2주 전부터, 과목별 마무리는 시험 일주일 전에.
> - 방학 때 국영수 과목을 미리 공부해 두자.
> - 스스로 혼자 공부하는 시간을 확보하라.
> - 자투리 시간을 버리지 말자.

공부 스타일링 #3
암기 노하우

공부의 기본은 기억이다. 응용문제를 푸는 경우에도 기본 원리가 머릿속에 있어야만 가능하다. 기본 원리가 기억되어 있어야만 다른 것도 가능해진다. 때문에 '모든 과목은 암기 과목'이라고도 하지 않던가.

그래서 공부의 기본은 바로 암기이다. 통합적 사고력도 아니고 창조적 능력도 아니고 '암기'라고 하면 언뜻 단순할 것 같지만 한번 본 내용은 사진처럼 머릿속에 저장된다는 천재가 아니라면 암기가 얼마나 발목을 붙잡는지는 모두가 아는 사실이다. 외웠다고 믿는 순간 머릿속을 빠져나가 버리는 '기억'을 어떻게 다루어야 할까.

암기를 잘하는 데도 요령이 있다. 응용문제를 풀기 위해서는 암기를 제대로 해야 한다고 했는데, 반대로 응용을 잘하면 암기가 수월해질 수 있다. 머릿속에 있는 내용을 이렇게 저렇게 응용해 보는 것 자체가 하나의 암기법이라고 할 수 있는 것이다. 그리고 응용을 잘하기 위해서는 이해를 잘해야 한다. 확실히 이해한 내용은 까먹으려고 해도 머릿속에 남아 있는 법이다.

이렇게 말하고 나니, 암기를 잘하는 요령은 이해도 잘하고 응용도 잘하는 것이라는 말로 들린다. 결국 이 모두를 잘해야 공부를 잘할 수 있다는 말이 된다. 틀린 말이 아니다. 세 가지 능력을 모두 훈련한다면 공부가 훨씬 수월해질 뿐만 아니라 즐거워질 것이다. 그런데 이 능력들을 가지려면 우선 암기부터 정복해야 한다.

우선은 차분한 마음으로 소리 내서 읽어보자

내가 처음 무언가를 열심히 외우기 시작한 것은 웅변 연습을 하면서부터이다. 비록 원고를 단상 위에 펼쳐 놓고 말을 하긴 해도, 사람들과 눈을 맞추고, 그들의 반응을 살피고, 각종 표정과 손짓으로 의사 표현을 하기 위해서는 기본적으로 원고를 외워야 했다. 그렇게 원고지 8~10장을 꾸준히 외우다 보니 나만의 암기 노하우가 저절로 완성되었다.

처음에는 원고를 소리 내서 천천히 읽어 본다. 그리고 그 말들이 입에 배도록 몇 번 반복한다. 이것은 단순하지만 놀라운 방법이었다. 불과 몇 번을 소리 내서 반복했을 뿐이지만, 원고를 덮고 소리 내서 말하기 시작하면 내용이 서서히 떠오르다가 점점 긴 내용으로 이어지는 것이었다.

드라마 대본을 외울 때도 이 요령이 통했다. 일단은 조급한 마음을 버리고 마음을 편안하게 하는 것이 중요하다. 초조한 마음으로 덤벼서 억지로 외우다 보면, 순간적으로 내용을 외웠다고 착각하게 되고 시간이 흐르면 다시 까맣게 잊어버리기가 쉽다. 마음을 편하게 먹을수록 내용이 머릿속에 잘 들어오고 집중도 잘될 것이다. 그러니 일단은 가벼운 마음으로 외워야 할 내용을 읽어 보자.

대본을 외우는 경우를 계속 예로 들어 보자. 나는 일단은 대본을 정독하고, 이후에는 내용을 제대로 이해하기 위해 한 번 더 보고, 인물의 캐릭터를 생각하며 다시 한 번 읽는다. 그런 다음, 내 대사가 나오는 부분만을 집중적으로 외운다. 그렇게 서너 번을 반복하면, 종이에 글자를 까맣게 적거나 중얼중얼거리면서 온 집 안을 헤매고 다니지 않아도 분명히 내 대사들이 머릿속에 남아 있다.

이 요령은 공부를 할 때도 잘 통하는 방법이다. 고등학교 세계사, 특히 고대 문명들의 발생을 공부한다고 해 보자.

"……드라비다 족에 의해 성립된 것으로 추측되는 메소포타미아 문명은 기원전 1800년경부터 인더스 강의 홍수, 수로의 변경 등으로 서서히 쇠퇴……"

이러한 내용을 통째로 외우는 것은 너무나 어렵다. 이것만 외운다면 몰라도 이런 식의 내용이 계속 나오기 때문에, 그 모든 걸 머릿속에 집어넣기는 쉬운 일이 아니다. 하지만 조급해하지 말고 일단은 이야기책을 읽듯이 입으로 소리 내서 읽어 보는 것이다. 읽다 보면 생소한 단어들에 먼저 신경이 쓰인다. '드라비다 족' 같은 단어는 평소에 접해 본 적이 없는 말이라서 읽으면서 한 번 더 주목하게 된다. 그리고 '기원전 1800년' 같은 연대도 마찬가지이다.

낯선 단어를 접하면 우리의 머리는 그 단어를 이해하기 위해 한 번 더 생각을 하게 된다. '기원전 1800년, 이게 뭐지?'라고 떠오르는 순간 바로 앞뒤 내용을 통해 답을 얻을 수 있다. '아, 메소포타미아 문명이 쇠퇴하기 시작한 때구나.'

이런 과정을 거치면 억지로 애쓰지 않아도 세세한 내용이 머릿속에 기억되는 효과가 있다. 이것을 단숨에 하려고 하는 것은 오히려 기억을 방해할 수 있다. 호기심과 연상을 펼치며 천천히 여러 번 반복하는 것이 훨씬 효과적이다.

1인 2역 암기법

늘 대본을 외우다 보니 무언가를 외우는 노하우만큼 자신 있게 말할 수 있다. 대본을 외울 때의 핵심적인 요령은 상대와 대화를 하는 장면을 상상하는 것이다. 이것은 교과서를 암기할 때도 마찬가지이다. 혼자 암기할 내용을 중얼거리는 것보다 상대에게 말을 건넨다고 생각하고, 상대의 물음에 대답을 한다고 생각하면서 외우는 것이 대사를 외울 때든 교과서 내용을 외울 때든 훨씬 효과적이다. "신라가 중앙 집권 국가로 발전한 게 언젠지 알아?", "그건 내가 잘 알지. 내물왕 때잖아." 하는 식으로 대화 상황을 만들면서 외우는 것이다.

시험 전날에 마지막으로 그동안 공부한 내용을 정리할 때 활용하면 좋은 방법이 있다. 우선 커다란 벽걸이 달력에서 지나간 달의 달력을 한 장 뜯어내자. 그리고 그 뒷면을 화이트보드라고 생각하고 학생들에게 강의를 하듯 재연해 보는 것이다.

"자, 조선시대부터 집고 넘어가 보자. 세종대왕 때는 여러 가지 문화가 발달한 시기였잖아. 어떤 학자들이 있었지? 맞아. 집현전 학자들이 있지. 그들이 뭘 했지?"

이런 식으로 시험 범위의 내용을 한 번 쫙 훑는 것이다. 이렇게 하면 내가 어떤 부분에서 막히는지를 확실히 알 수 있고, 선생님이

학생에게 설명을 하는 재연을 통해 어느 부분이 중요한지도 깨닫게 된다.

암기는 내 상상력을 타고

나는 암기가 지루할 때는 인형들을 눈앞에 죽 늘어놓고는 인형 놀이를 하듯 외우는 방법을 활용했다. 웬 공주 같은 짓이냐고 비웃을지 몰라도, 효과만큼은 만점이다. 남학생 친구들도 손사래 칠 게 아니라 인형 대신 로봇이나 자기가 좋아하는 만화 캐릭터들로 이 방법을 해 보면 좋을 듯하다.

일단 인형 하나하나에 역할을 부여한다. 생물 과목에서 우리 몸의 필수 영양소를 외운다고 생각해 보자. 필수 영양소는 탄수화물, 지방, 단백질, 비타민, 무기 염류, 물 등이 있다. 그럼 이제 인형 6개를 꺼낼 차례이다. 그리고 인형 각각에 영양소 하나씩의 역할을 맡긴다. 그리고 각 인형마다 이름을 지어 준다. 여기에서 중요한 요령이 있다. 이름을 지을 때 긴 이름을 붙이지 말고 특징 있는 외자 이름을 붙이는 것이다. 그래야 암기가 수월하고 연상도 잘된다. 필수 영양소 6개의 인형들에게 탄, 지, 단, 비, 무, 물이라는 이름을 붙여 주는 식이다.

필수 영양소에는 크게 주영양소와 부영양소가 있다. 그리고 주영양소에는 탄수화물, 지방, 단백질이 속하며, 부영양소에는 비타민, 무기 염류, 물이 속한다. 우선 이것들 각각의 성질을 외우기 전에 큰 갈래를 구분해 준다.

"탄, 지, 백은 오른쪽으로 빠져. 비, 무, 물은 왼쪽으로!"

그런 다음, 탄수화물의 성질을 외운다고 치면 '탄 인형'을 앞에 두고서 이런 대화를 나누는 것이다.

"네가 체내에서 산화되면 1g당 열량이 얼마나 생기더라?"

"4kcal!"

"네가 특히 많이 들어 있는 음식은?"

"나는 쌀에 많이 들어 있지!"

"마라톤 선수들이 경기를 앞두고 특히 너를 많이 섭취한다고 하잖아. 그 이유가 뭐야?"

"나는 짧은 시간에 많은 에너지를 내기 때문이지!"

이런 방법이 유치하다고 생각할지도 모르겠으나, 장담하건대 무작정 외우는 것보다 훨씬 효과적이다.

우리가 외워야 할 내용은 헤아릴 수도 없이 많다. 탄수화물의 성질만 해도 저 대화에서 언급한 것뿐만이 아니며, 지방, 단백질, 비타민, 무기 염류, 물의 성질까지 외우려면 그 양은 엄청나게 늘어난다. 이 모든 것을 다 외웠다고 해도 고작 생물 과목의 한 단원의 일부를 외운 것뿐이다.

　요령 없이 암기하다가 제 풀이 지쳐 버리지 말고, 재미있는 방법들을 활용해 머릿속에 집어넣도록 하자.

암기 후에는 혼자 곱씹는 시간이 필수

일단 소리 내서 읽어 본다. 그리고 여러 번 훑어본다. 상대와 대화하듯 암기해 보고, 인형도 동원해 암기에 활용한다. 그렇게 단원을 마치고 나서 다시 한 번 죽 눈으로 살펴보면 그 모든 내용을 손바닥 보듯 훤히 알게 된 듯한 기분이 들 때가 있다. 그런데 그 기분은 착각일 때가 많다.

　좀 전까지 공부한 내용인지라 당장은 머릿속에 달달달 기록이 되어 있을지 몰라도, 얼마 후에는 또다시 가물가물해진다. 그것은 어느 정도는 어쩔 수 없다. 기억의 천재가 아닌 이상 기억력에는 한계가 있기 때문이다. 그래서 암기한 내용은 수시로 반복해서 되새기는 것이 중요하다. 그리고 또 한 가지 반드시 해야 할 일이 있다. 암기 직후에 바로 책을 덮어 버리고 다른 일로 넘어가지 말고, 머릿속에 기록해 둔 내용을 속으로 곱씹어 보는 것이다.

　이것은 마치 문신을 새기는 것과 같다. 이러한 방법들로 머릿속에 기록해 둔 것은 아직 피부 위에 잉크로 그림을 그려 놓은 상태와 같다. 그것을 쿡쿡 찔러서 지워지지 않는 문신처럼 피부에 새기는 행위가 바로 속으로 곱씹는 일이다.

  책의 내용을 보지 않고 눈을 감은 채 속으로 그날 외운 내용을 곱씹어 보자. 벌써 그새 맥락이 떠오르지 않고 정확히 기억나지 않는 내용들도 있을 것이다. 그것들이 흩어지지 않도록 잘 추슬러 머릿속에 담아 두자. 그래야 암기의 한 단계가 완성되는 것이다.

> **TiP** 공부를 완성하는 암기 노하우
> - 소리 내어 읽으며 입에 붙게 한다.
> - 다른 사람에게 가르치듯이 공부한 내용을 정리한다.
> - 곧이 곧대로 외우기보다는 상상력을 이용하자.
> - 다 외웠다고 생각될 때, 눈을 감고 한 번 더 내용을 숙지하자.

연기가 공부보다 싫은 점

데드라인은 진짜 데드라인

연기가 공부보다 싫은 점은 두 가지다. 그런데 두 가지 모두 공교롭게도 암기와 관련이 있다.

나는 대본 외우기를 꾸준히 하다 보니 교과서 내용도 비교적 쉽게 외웠다. 무엇보다 대본 외우기가 공부에 도움이 된 것은 데드라인을 지키는 습관을 몸에 배도록 한 점이다.

물론 학교 공부를 할 때도 정해진 날짜를 염두에 두긴 하지만 때때로 '다 못해도 할 수 없지.'라는 생각으로 체념하는 일이 생긴다. 시간이 넉넉하면 "너무 피곤해. 내일 열심히 해야지."라며 살짝 미룰 수도 있다. 하지만 대본 암기는 절대 내일로 미룰 수 없다. 내가 대본을 외워가지 않으면 감독님을 비롯해 선후배 연기자들의 눈총과 야단이 쏟아지는 것은 물론이고 전 스태프들에게 민폐를 끼치게 되므로 그야말로 죽을 둥 살 둥 암기에 매달려야만 한다. 밤새 촬영을 한 뒤 집에 가서 다음 날 나갈 때까지 딱 2시간이 남았다고 해도, 잠을 자는 것은커녕 간단히 얼굴만 씻고 나서 남은 시간 동안 내내 '자고 싶다, 자고 싶다.'를 외치면서도 대본을 붙들어야만 한다.

이렇게 촬영장의 데드라인에 시달리다 보니, 학교 공부를 할 때도 데드라인

을 세우고 그것에 맞춰 공부하는 습관이 생겼다. 방송 촬영 경험이 공부에도 좋은 습관을 준 셈이니 고마운 일이다. 그러나 촬영 때 데드라인을 지키지 못하는 후유증은 공부할 때보다 훨씬 부담스럽고 심각하다. 할 일을 미루었다가 다음 날 곤혹스러운 상황이 벌어지는 일은 생각만 해도 아찔!

조사와 토씨까지 대본 그대로 해야 하는 대사

연기가 공부보다 싫은 점의 두 번째도 역시 대본 외우기의 고충과 관련이 있다. 공부할 때의 암기에서는 요점을 '기억'하면 일단의 목표를 달성하는 것이지만, 대본 암기는 조사와 토씨까지 철저히 외워야만 일단의 목표를 이룬 셈이다. "커피랑 홍차랑 코코아."라는 대사를 "커피, 홍차, 코코아."라고 외워서는 안 되는 것이다. 조사와 토씨에 따라 어감이 달라지는데, 그렇게 되면 작가와 연출진은 물론 드라마를 보는 시청자들도 원래 의도와 다른 느낌을 받을 수가 있다. 그러니 토씨 하나까지 틀림없이 외워야 하는 대본 암기가 공부보다 까다로울 수밖에!

공부 스타일링 #4
노트 필기 노하우

　지방 학교에서 전교 1등을 도맡던 야무진 아이가 서울로 전학을 온다. 부모님과 떨어져 홀로 유학 온 아이는 성격이 워낙 착해서 반 친구들과 스스럼없이 지내지만 공부에 대한 욕심만은 남달랐다. 전학을 오자마자 그 학교의 전교 1등이 누군지, 그 아이는 어떻게 공부를 하는지까지 탐색한다.

　이윽고 다가온 시험 기간. 교실 분위기를 어수선하게 만드는 예기치 않은 사건이 생긴다. 원래 전교 1등을 하던 아이의 노트가 사라진 것. 그리고 사라졌던 노트는 겨우 시험 전날 전교 1등 아이의 자리로 돌아왔다. 전교 1등 아이는 다행히 노트를 되찾았지만, 이미 공부할 시간은 다 지나가 버렸다. 게다가 그 아이는 시험 준비 기간 내내 사라진 공책을 찾느라, 또 속상하고 불안한 마음 때문에 공부에 몰입하지 못했다.

전교 1등 노트 실종 사건의 범인은 바로 해맑은 미소의 주인공인 전학생이었다. 전학생은 노트를 잃어버린 원래 전교 1등을 제치고 결국 전학 온 후 치른 첫 시험에서 전교 1등을 차지한다. 전학생은 게시판에 붙은 성적표에서 자신이 전교 1등을 차지한 것을 확인하고는 지방에 계시는 엄마에게 전화를 건다.

"엄마, 나 여기서도 1등했어요."

그리고 승리의 미소를 띤다.

이 이야기는 내가 출연했던 드라마 〈학교〉 중 한 에피소드이다. 당시 촬영을 하면서도, 자신이 전교 1등을 하기 위해 친구의 노트를 훔치는 전학생이 참 얄밉다며 감정이입했던 기억이 떠오른다.

시험, 특히 내신 시험에 있어서 필기 노트는 시험 성적을 좌우한다고 해도 과언이 아닐 만큼 중요한 '족보'이다. 그런데 평소에 노트 필기를 엉망으로 한다면 시험 때 요긴하게 참고할 수가 없다. 자신의 노트를 일목요연하고 핵심적인 '족보'로 재탄생시키는 요령을 공개하겠다.

학년별 노트가 아니라 과목별 노트를 만들어라

대부분 학생들은 새 학년을 시작할 때마다 노트를 새로 장만하곤 한다. 1학년 과학 노트와 2학년 과학 노트를 각각 만드는 것이다. 하지만 중고등학교 교과목의 내용은 대부분 연결되어 있다. 물론 책이 나눠져 있기는 하지만 그 내용은 단원과 단원 간의 차이 정도가 있을 뿐이지 완전히 동떨어진 내용은 아니다. 그런데 노트를 학년별로 나눠서 사용하다 보면 앞의 내용을 살펴보려할 때 노트가 수중에 없는 경우가 많다. 그래서 노트는 학년별로 나눠 쓰는 것보다 과목별로만 나눠서 쓰는 것이 좋다.

특히 역사와 세계사의 경우에는 시대 순으로 내용이 흘러가기 때문에, 큰 흐름을 알기 위해서는 앞의 내용을 참고해야 할 때가 많다. 그럴 때 작년에 적은 노트가 없어서 바로 볼 수 없다면 공부할 것을 나중으로 미루게 되고, 나중에 다시 찾아보더라도 효과가 줄어들기 마련이다.

그러니 약간 두툼한 노트를 장만해서 한 과목의 필기를 3년 동안 같은 노트에 하는 것이 좋다. 이렇게 학습 자료를 모아 두면 내신 공부에도 도움이 될 뿐만 아니라, 특히 수능을 공부하는 데 큰 도움이 된다. 수능 공부에서는 앞의 단원에서 배운 개념과 뒤의 단원에서 배운 개념을 응용하여 하나의 문제를 풀거나, 서로 다른 시대의 사건들을 연관시켜 통합적으로 사고하는 문제가 자주 나오기 때문이다. 이럴 때 그때까지 배운 모든 단원의 필기가 모여 있는 노트를 활용한다면 훨씬 효과적일 것이다.

한 과목의 내용이 처음부터 모두 필기된 노트로 공부하면, 해당 과목의 큰 흐름과 지금 배우는 단원의 핵심까지 노트 한 권으로 살펴 볼 수 있는 장점도 있다. 그래서 학년별 노트가 아니라 과목별 노트를 만드는 것을 반드시 추천하고 싶다. 노트 한 권을 다 썼다면 두 권을 하나로 묶으면 된다. 단점은 단 하나뿐이다. 노트가 꽤 무겁다는 것.

친구의 노트를 엿보라

같은 수업을 듣더라도 사람마다 중요하다고 여기는 포인트는 다르기 마련이다. 그리고 필기하는 능력도 차이가 난다. 시험을 앞두고 있을 땐 자신의 노트뿐만 아니라 다른 친구의 노트도 빌려서 살펴보는 것이 좋다. 자신이 놓친 필기가 있을 수도 있고, 별로 중요하지 않다고 여겨서 굳이 적지 않았던 포인트가 친구의 노트에는 적혀 있을 수가 있다. 그렇게 빠진 부분을 특히 유념하며 친구의 노트를 자신의 노트에 옮겨 보는 것이다.

물론 친구에게 노트 필기를 빌려 달라고 부탁하는 일은 쉽지 않다. 실제 친한 사이끼리도 노트를 빌려 주는 일은 꺼리기도 한다. 나 또한 마찬가지였다. 하지만 친구에게 노트를 빌릴 때의 민망함은 성적표를 받는 순간의 기분을 생각하면 기꺼이 감수할 수 있는 부분이다. 친구에게 쑥스럽더라도 용기를 내 보자. 그리고 친구가 원한다면 자신의 노트도 빌려 주어서 서로 도움이 되는 방법을 찾는 것도 좋다.

그런데 친구의 노트를 빌릴 때도 노하우가 있다.

무조건 1등하는 친구의 노트를 빌리는 것이 가장 좋은 방법은 아니다. 1등의 노트라고 해서 나에게 꼭 좋은 족보가 되는 것은 아님을 기억할 것. 그보다는 친구의 필기 습관이 중요하다. 공부는 잘하지만 심각한 악필에다가 맥락을 무시하고 여기저기 산만하게 필기를 한다든가 자기만 알아볼 수 있도록 특별한 표시로 적은 필기는 전혀 도움이 안 된다. 일단은 깔끔하게 필기된 노트가 도움이 된다.

그리고 더욱 중요한 것이 있다. 노트를 빌릴 때는 한 명의 노트만이 아니라 2~3명의 노트를 빌려야 한다. 같은 수업을 들었지만 중요하게 여겨 필기한 대목은 모두 다르기 때문이다. 그리고 자신이 이미 안다고 생각하는 내용은 필기를 하지 않는 수가 있다. 그 친구가 아는 내용이라도 내게 생소한 내용일 수 있기 때문에, 최소

2명 이상의 노트를 빌려 보는 것이 좋다. 그렇게 여러 친구들의 필기를 합친 다음 자신만의 요약을 곁들이면 비로소 훌륭한 '족보'가 되는 것이다.

한곳에만 필기하라

아무리 다른 친구들의 필기를 합친다고 해도 기본은 자신의 필기여야 한다. 선생님이 설명한 순간에 집중해 받아 적었을 때의 효과는 설명 없이 씌어진 글씨만 보는 것과 큰 차이가 있기 때문이다. 때문에 평소부터 자기만의 필기도 꼼꼼히 해 두어야 한다.

필기를 할 때는 책이면 책, 공책이면 공책, 한곳에만 집중적으로 필기하는 것이 좋다. 이곳저곳에다 산만하게 필기를 하면, 나중에 다시 정리해서 보는 데 또 시간이 들뿐더러, 중요한 내용을 빠뜨리는 수가 있다. 그리고 여러 군데에 필기를 하면 공부를 할 때마다 책이든 노트든 모두 들고 다녀야 한다는 불편함이 있다.

나는 오전에는 학교에 있다가, 오후에는 분장실에서 있다가, 저녁에는 촬영장에 있는 등 항상 장소 이동이 잦았다. 그러나 자투리 시간에라도 공부를 하기 위해서 늘 책을 들고 다녔는데, 교과서, 문제집, 노트를 모두 들고 다니는 것은 번거롭고 힘든 일이었다.

펼쳐 놓아야 할 것들이 많으면 마음도 부산해지고, 공부를 시작하기도 전에 귀찮아질 수 있어서 좋지 않다. 그래서 한 가지만을 보면서 집중할 수 있도록 하는 것이 좋다. 나는 모든 수업 필기는 무조건 교과서에만 했다. 손에는 연필 한 자루를 쥐고, 무릎에는 교과서 한 권만 펼쳐놓으면 바로 공부를 시작할 수 있기 때문이었다.

필기를 할 때는 선생님 말씀을 기능적으로 받아 적기만 해서는 안 된다. 선생님 말씀이든 중요하다고 떠오르는 내용이든 생각의 필터를 한 번 거친 후에 적도록 해야 한다. 하지만 진도는 빠르게 넘어가기 때문에, 생각의 필터를 거친답시고 내용을 오랫동안 곱씹다가는 시간에 쫓겨 필기를 놓치게 된다. 지금 무엇에 대해 말씀하셨는지, 이것은 왜 중요하게 생각되는지를 짧게 환기하는 정도가 좋다.

가급적 한 가지 펜으로만 적어라

흔히 필기를 할 때 중요한 부분을 표시하기 위해 형광펜으로 색을 입히거나 여러 색깔의 펜을 사용하곤 한다. 그렇게 특별한 표시를 해 두면 눈에 더 잘 띄기는 하지만, 책을 폈을 때 집중이 되기는커녕 눈이 피로해지고 정신이 더 산만해지는 부작용도 있다. 그리고

필기를 할 때 이 펜 저 펜 바꿔 가며 적느라 시간이 부족해지는 단점이 있다.

여러 가지 색으로 화려하게 표시를 하는 친구들을 보면, 필기를 예쁘게 하는 것에 집착하는 경우가 많다. 깔끔하고 일목요연하게 필기하는 것은 중요하지만, 예쁘게 꾸미는 것은 전혀 중요한 것이 아니다. 오히려 예쁘게 꾸미느라 시간이 부족해 필기할 내용을 놓칠 수가 있고, 괜히 정신이 딴 데 팔려 집중에도 방해가 될 뿐이다. 그래서 필기는 한 가지 색 펜으로만 하는 것을 추천한다.

여러 가지 색으로 화려하게 필기를 하는 것의 단점은 또 있다. 특별한 표시를 해 두면 나중에 다시 복습할 때 그 부분만 집중적으로 보게 된다. 표시가 없는 나머지 부분은 중요하지 않다고 여겨 주목하지 않는 경우가 많다. 하지만 시험 문제는 구석구석에서 골고루 출제되므로, 뭐 하나 그냥 넘길 수는 없는 것이다.

특별한 표시가 되어 있는 요점만 눈에 띌 경우, 전체 맥락을 잘 살피지 않고 요점만 암기한 후 넘어가는 경우도 많다. 중요하다고 표시한 곳을 외우고 나서는 그 부분의 공부는 다 끝났다고 착각하고 전체 흐름이나 주변의 내용을 무시해 버리는 심리가 작동하는 것이다. 그러니 여러 번 보고 또 보더라도 무시하거나 빠뜨리고 넘어가는 부분이 없도록 한 가지 색 펜으로만 필기하는 것이 좋다.

그리고 반드시 다시 확인할 내용, 너무나 중요해서 꼭 숙지할 내용이라면 물결이나 별표 등으로 체크해 둔다. 이러한 표시도 굳이 색을 바꿔서 다른 펜으로 할 필요 없이 같은 색 펜으로 해 두면 된다. 다만 언제 그 내용을 다시 보더라도 한눈에 알아볼 수 있도록, 필기할 때부터 중요도를 구분해서 적어 주면 좋다. 나는 중요도를 표시하는 나만의 순위가 있었다. 기본적인 사항에는 직선, 그보다 중요한 것에는 물결, 더 중요한 것에는 박스를 그려 두는 것이다. 그리고 시험에 반드시 나올 내용이나 내가 자꾸만 혼동하는 내용에는 별표를 적었다.

때로는 부연 설명이나 주변 상황도 필기하자

필기는 간략한 것이 좋다. 모든 내용을 다 받아 적으려다 보면 시간도 부족 할뿐더러 다시 살펴볼 때 핵심이 무엇인지 알아보기 힘들어진다. 하지만 때로는 요점만이 아니라 부연 설명도 적는 것이 좋다. 단 번에 이해되지 않는 개념이나 쉽게 암기되지 않는 사항들이 종종 있기 때문이다.

   선생님의 설명 외에도 머릿속에 떠오르는 생각들을 간단히 적는 것도 바람직하다. 불쑥 생기는 궁금증도 적어 두면 나중에 내용을 떠올릴 때 도움이 된다. 그 궁금증을 풀기 위해 다른 공부도 겸하게 되니 여러모로 장점이 있다. 하지만 너무 길게 적는 것은 필기가 산만해질 수 있으니 되도록 간략하게 적도록 한다.

잘 암기가 되지 않는 사항이 있을 때는, 꼭 수업과 관련된 내용이 아니라 선생님의 농담이나 수업 시간에 벌어진 주변 상황 등을 적어서 나중에 그 내용을 상기할 때 도움을 주는 방법도 활용하도록 하자. 그런 것들을 적어 두면 그 당시 상황이 통째로 남아 나중에 내용이 가물가물하더라도 그 상황을 연결시키면 기억이 되살아날 수 있기 때문이다.

그리고 때로는 집중력을 높이는 수단으로 필기를 활용할 수도 있다. 펜으로 무언가를 적는 일 자체가 각성 효과를 갖기 때문이다. 수업 시간에 졸음이 몰려오거나 집중력이 떨어질 때는 포스트잇을 활용한다. 포스트잇 한 장을 교과서 위에 붙이고 나서 그 위에 낙서를 하는 것이다. 심하게 졸음이 밀려올 때는 동작 하나하나가 힘겨운 법인데, 포스트잇을 꺼내는 동작, 그것을 붙일 자리를 찾는 동작, 그리고 그 위에다 무언가를 적는 동작 모두가 조금이나마 잠을 차단하는 데 도움이 된다.

포스트잇에는 아무 내용이나 적는다. '아침에 먹은 감기약은 수면제'라거나 '선생님 넥타이에 나비 한 마리'라거나 '어제 야참으로 먹은 떡볶이 매웠어.'처럼 쓸데없는 말이라도 좋다.

그리고 그 포스트잇은 지금 진도를 나가고 있는 부분에 붙여 둔다. 나중에 다시 책을 펼칠 때 포스트잇이 붙어 있는 부분은, 졸음이나 집중력 저하와 싸움을 벌인 위치이다. 그러니 그 부분은 특히 더 주의해서 공부해야 한다.

> **TiP 성적을 올리는 노트 필기 노하우**
> - 과목별 노트를 만들어, 학년이 바뀔 때도 이어 쓰자.
> - 친구의 노트를 적극 참고하라.
> - 필기는 한곳에만.
> - 펜은 가급적 한 가지만 최소한으로 사용.
> - 선생님의 부연 설명이나 농담까지도 적어라.

공부 스타일링 #5
영역별 **핵심** 정복기

내신 공부와 수능 공부는 차이가 있다. 내신 공부는 암기와 기본기가 성적을 좌우하는 반면, 수능에서는 응용력과 통합적 사고력 등이 성적을 좌우한다. 따라서 내신과 수능은 각각에 따라 다르게 대비할 필요가 있다.

    그러나 내신 공부와 수능 공부가 완전히 동떨어진 것은 아니다. 내신 공부를 기본으로 수능 문제를 풀기 때문이다. 그래서 수능을 대비한 공부에서도 교과서 학습은 중요하다. 교과서 학습은 기본기를 쌓는 데 가장 바람직하며, 자연스레 내신 공부를 뒷받침한다. 특히 방학 때 교과서 선행 학습을 통해 기본기를 단단히 다지는 한편, 그것을 토대로 한 응용문제 풀이를 통해 내신 심화 학습과 수능 대비를 겸하는 것이 알맞은 방법이다.

이 장에서는 수능 영역별 핵심 정복기를 소개할 것이다. 언어 영역, 수리 영역, 외국어 영역, 탐구 영역으로 나누어 소개할 텐데, 모든 영역에 걸쳐 반드시 알아야 할 핵심이 한 가지가 있다.

'암기 → 이해 → 응용'이라는 과정이다. 이것은 내신 공부와 수능 공부가 각각 대비 방법이 다름에도 불구하고, 두 가지 모두에 적용되는 원칙이기도 하다.

암기 과정에서는 큰 맥락과 핵심적인 내용을 익히는 것을 우선으로 한다. 그러고 나서 세세한 항목, 시험에서 출제될 확률이 높은 요점들을 외운다. 암기한 사항은 반드시 이해 과정을 거쳐야 한다. 머릿속에 달달 입력했다고 해서 공부가 완성되는 것은 아니다. 지금 접한 내용의 뜻을 깨치고, 다른 내용과의 연관도 따져 보고, 어떤 식의 문제로 응용될지까지 유추해 보는 이해 과정을 거쳐야 공부가 이루어진다. 이런 단계 이후에야 제대로 된 응용 과정이 가능하다. 응용은 이해를 토대로 하는 것이다. 잘 이해한 내용을 잘 응용할 수 있다는 사실은 당연하다.

이러한 공부 과정은 내신과 수능 모두에 도움에 된다. 자신이 특정 영역의 전체 과목 중에서 어느 부분을 공부하고 있으며, 암기, 이해, 응용 중에서 어느 과정을 공부하고 있는지를 늘 파악하고 있어야 공부도 효율적으로 이루어질 수 있다.

언어 영역 정복기

언어 영역의 경우 교과서의 지문이 문제로 출제되기도 하지만, 시, 소설 등을 비롯해 인문·사회, 과학·기술, 문학·예술 등 다양한 분야에서 지문이 선정되어 문제로 출제된다. 이때 특히 많은 비중을 차지하는 것이 바로 문학 작품에서의 출제다. 그러다 보니 '중·고생이 알아야 할 필수 문학'이라는 주제로 소설집이 나오기도 하고, 요약본만 볼 수 있도록 편집한 책도 수두룩하다.

문학 지문에 대한 대비는 일상에서 습관적인 독서를 통해 해 두어야 한다. 시험을 며칠 앞둔 상황에서 문학 지문이 출제될 경우를 대비한다며 시집이나 소설책을 섭렵하고 있을 수는 없다. 나는 특히 어릴 때 읽었던 문학 책들이 나중에 언어 영역 시험에서도 큰 도움이 되었다. 독서를 통해 읽기 능력이 길러진 탓도 있지만 한번 읽었던 작품이 출제될 경우에는 확실히 유리한 점이 있는 덕분이었다.

읽어 본 작품인 경우, 문제로 출제된 짧은 분량의 지문 외에도 전체의 줄거리를 알고 있으니 글 속의 숨은 의도라든가, 주제문 등을 금세 파악할 수 있는 것이다. 이런 경우 일단은 시간 부족의 문제가 줄어들며, 그러한 효과로 인해 문제가 원하는 답을 보다 예리하게 파악할 수 있다.

책을 가까이 하는 평소 습관은 예기치 않은 순간에서 빛을 발한다. 언어 영역 지문이 광범위한 범위에서 출제되기 때문에 그것들을 모두 읽어 두는 것이 애초에 불가능하다고 생각하여 독서에 신경을 쓰지 않는 경우가 많은데, 비록 그 범위가 광범위하긴 해도 평소의 독서 습관은 어떤 면에서 보든 독해력과 사고력을 키우는 데 효과가 크기 때문에 절대로 게을리 해서는 안 되는 부분이다.

나는 신문 사설 읽기 훈련을 했던 것이 언어 영역 성적을 올리는 데 톡톡한 도움을 주었다. 고등학교 때 국어 선생님께서 나와 몇몇 친구들에게 가장 손쉽게 논술 성적을 올릴 수 있는 방법이 신문 사설 읽기라고 하시면서 일 년 동안 신문 사설 과제를 내주신 적이 있다. 선생님께서 매일 신문 사설 4개를 오려서 주시면 문단 나누기, 문단별 요점 찾기, 전체 주제 찾기를 하여 선생님께 제출하는 과제였다. 가뜩이나 시간도 부족한데 별도의 과제까지 하려니 처음에는 부담스러웠지만, 특별한 과제를 한다는 생각에 기분이 좋아 열심히 했었다. 효과에 대한 구체적인 기대 없이 시작한 과제였는데, 그것을 일 년 동안 계속하다 보니 논술은 물론 언어 영역 공부에도 놀라운 변화가 생겼다.

사설 읽기 과제를 하는 방법은, 처음에는 사설을 한 번 죽 읽고, 두 번째 읽을 때는 문단을 나누는 표시와 함께 문단별 요점을 찾으면서 읽는 것이다. 그런 다음 전체 주제를 파악하여 짧은 줄거리와 함께 서너 줄로 요약한다.

사설 읽기 과제는 문단을 나눠 핵심을 뽑아내는 능력과 자신의 주장을 효과적으로 펼쳐가는 능력까지 키워 주었다. 또한 글을 빠르고 정확하게 읽는 훈련이 되었고, 자연스레 지문을 읽고 문제를 푸는 데 드는 시간을 단축하는 효과를 볼 수 있었다. 또한 사설을 통해 새로운 정보와 지식, 특히 사회에 큰 영향을 미친 사건에 대해 공부할 수 있어서 인문사회과학 분야의 지문에서 문제가 출제될 때도 큰 도움이 되었다.

사설 읽기를 통해 익힌 요령들은 언어 영역 문제 풀이에도 그대로 적용된다. 언어 영역 지문을 읽을 때도 우선 문단별 주제를 찾도록 한다. 지문이 길면 앞에 읽은 내용이 희미해질 수 있고, 그 때문에 요점을 파악하는 일이 힘들어질 수가 있다. 때문에 문단별로 주제를 파악하면서 그것을 통해 전체 주제를 파악하도록 한다. 참고로, 지문을 읽을 때는 지나치게 정독을 하는 것은 도움이 안 된다. 일단은 빠르게 지문을 읽어 내려 가도록 한다. 신속히 전체를 훑으면서 핵심을 찾는 것에 집중하는 것이 중요하다.

언어 영역을 정복하기 위한 마지막 요령은, 언어 영역에서 지문으로 등장하는 시, 소설, 인문·사회, 과학·기술, 문학·예술 등의 분야 중에서 특히 취약한 분야를 파악한 후 집중 학습을 하는 것이다. 여러 문제를 접하다 보면 자신에게 특히 까다로운 부분이 보이기 마련이다. 문학 관련 문제는 잘 풀지만 과학·기술 관련 문제는 못 푼다거나 그 반대의 경우도 있을 수 있다. 이런 식으로 자신이 어느 분야에는 강하지만 또 어느 분야에는 유독 취약한 것이 파악된다면 그 부분만을 집중적으로 학습하는 시간을 반드시 갖길 바란다. 그래야만 실력의 빈틈을 메울 수 있다.

> **TiP** 언어 영역 공부 핵심 노하우
> - 문학 지문에 대한 대비는 꾸준한 독서가 기본이다.
> - 지문의 핵심 파악은 문단 나누기, 문단별 요점 찾기, 전체 주제 찾기 순으로!
> - 시, 소설, 인문·사회, 과학·기술, 문학·예술 등의 분야 중 취약한 분야를 파악해 집중 학습하기!

수리 영역 정복기

수리 영역, 즉 수학은 꾸준히 하는 것이 무엇보다도 중요한 과목이다. 어렸을 때부터 수학은 포기하지 말고 꾸준히 해야만 한다. 특히 수학은 단원의 수준이 갈수록 향상되고 심화되기 때문에 앞부분을 무시하고 건너뛰면 뒷부분에서 아무리 머리를 싸매도 이해를 못하는 경우가 생길 수 있다.

그래서 특히 수학의 경우, 기본기가 부족하다 싶으면 건너뛰지 말고 다시 처음부터 제대로 학습하는 게 현명하다. 진도를 나가는 학기 중에는 앞부분으로 돌아가 다시 공부를 하기가 힘들 수 있으니, 방학을 이용해 집중적으로 기본기를 다지는 것이 좋다.

나는 이전에 시험을 치른 모의고사 문제들을 반복해서 푸는 방법을 수리 영역 공부에 주로 활용했다. 수리 영역 모의고사 문제를 풀다 보면, 각 단원에서 나오는 문제들이 어떤 패턴을 갖고 있는지를 알게 된다. 즉 단원마다의 문제 유형이 보이는 것이다. 그리고 전체 문제 중에서 단원마다의 비중도 파악할 수 있다. 확률 문제가 평균적으로 몇 문제가 나오는지, 통계 문제는 평균적으로 몇 문제가 나오는지 등을 파악하게 되는 것이다. 자신의 현재 단계에서 각 단원이 어떤 비중으로 출제되는지를 아는 것은 중요도를 매길 수 있기 때문에 시험 대비에 큰 도움을 준다.

모의고사 문제를 모아서 풀이를 반복해 보는 것의 가장 큰 장점은 이것이다. 자신이 특히 취약한 단원을 손쉽게 파악할 수 있다는 것이다. 여러 번의 모의고사에서 함수의 기본 문제를 계속 틀렸다면 함수 공부가 미흡하다고 판단할 수 있다. 그렇게 취약한 단원이 파악되면, 교과서를 다시 풀면서 기본기를 다지거나 다른 문제집을 활용해 응용문제 풀이에 집중하는 등의 대비를 할 수 있다. 이 단원 저 단원 할 것 없이 모든 단원에서 틀린 문제가 나온다면, 전체적으로 수학 기본기가 부족하다고 판단할 수 있다. 이런 경우에는 진도를 나가기 위해 무리하기보다는 즉시 처음으로 돌아가 기본기 학습을 다시 해야 한다. 앞에서 말했듯이, 수학은 단원이 갈수록 심화되는 구조이기 때문에 앞부분을 모르면 뒷부분을 온전히 학습할 수가 없다.

수학 역시 암기가 중요하다. 수학은 탐구 영역의 과목들에 비해 암기가 덜 중요하다고 생각하는 경우가 있는데, 오히려 수학에서 암기가 더 중요하다고까지 말할 수 있다. 문제 풀이의 기본은 공식의 암기이기 때문이다. 공식이 머릿속에 들어 있어야 기본적인 문제든 응용문제든 풀 수가 있다. 그리고 문제 풀이가 어떻게 전개되는지도 처음에는 암기를 통해 익숙해질 수 있다. 자꾸 틀리는 문제가 있다면 답안지를 통해 문제 풀이의 전개를 본 후에 그것을 통째로 외우는 것도 효과적이다. 문제 풀이의 전개에는 여러 가지 공식들의 응용 과정이 포함되어 있을 뿐만 아니라 수학적으로 사고하는 요령까지 엿볼 수 있기 때문이다. 그것을 외우고 스스로 풀어 보길 반복하다 보면 어느새 그 문제에 담긴 공식의 응용과 사고의 전개까지 자기 것으로 소화되는 것을 느낄 것이다.

수리 영역은 특히 오답 노트의 작성과 활용이 중요하다. 오답 노트를 모아 놓고 보면 자신이 취약한 단원이 금세 눈에 띄기 때문이다. 모의고사 문제 풀이와 마찬가지로, 오답 노트를 통해서 취약한 단원을 파악하고 집중 학습하는 것을 잊지 말자.

앞에서도 언급했지만 수학 문제는 풀이의 전개를 익히는 것이 중요하다. 풀이는 수학적 논리에 의해 연결되며 그 과정에서 한 군데라도 오류가 있으면 답이 완전히 틀려 버리기 때문이다. 그래서 풀이는 가급적 깔끔하고 단정하게 적는 것이 좋다. 산만하게 여기저기 펜을 옮겨 가며 적다 보면 숫자를 헷갈리거나 풀이 단계를 건너뛸 수 있다.

단정한 필기가 중요한 또 한 가지 이유가 있다. 시험 시간에 문제지를 제출하기 전에 급히 검산을 해 봐야 할 때가 있는데, 문제 풀이를 정신없이 적은 경우에는 검산 자체가 불가능하다. 숫자만 다시 대입해 봐도 답을 구할 수 있도록 문제 풀이가 깔끔한 것이 훨씬 유리할 수밖에 없다.

마지막으로, 수리 영역의 실력 향상을 위해서는 쉬는 시간을 잘 활용해야 한다. 수학 수업이 끝난 뒤의 쉬는 시간에는 반드시 그날 배운 내용의 응용문제를 3개 이상 푸는 원칙을 세울 것을 강력 추천한다. 수업 시간에 배우는 내용은 주로 기본적인 것이다. 하지만 수능 시험에서는 그보다 까다로운 문제나 응용력이 필요한 문제가 출제된다. 때문에 기본적인 내용을 더 확실히 이해하는 한편 응용력도 기르기 위한 방법으로 응용문제 풀이를 반드시 병행하는 것이 좋다. 그것도 '나중에 하면 되지.' 라고 하며 미루지 말고, 바로 그날의 수업이 끝나자마자 쉬는 시간을 활용해서 하는 것이 가장 효과적이다.

> **TIP** 수리 영역 공부 핵심 노하우
> - 수학은 단원이 갈수록 심화되는 구조이므로 한 단원도 건너뛰어선 안 된다!
> - 기본기가 부족하다면 망설이지 말고 앞부분을 학습하라!
> - 모의고사 시험지를 모아 반복해서 풀면 취약한 단원이 보인다!
> - 문제 풀이 필기는 반드시 일목요연하게!
> - 수학 수업 직후의 쉬는 시간에는 응용문제 3개로 복습하라!

외국어 영역 정복기

영어는 관심을 두고 꾸준히 접하지 않으면 금세 멀어지고 감을 잃기 쉬운 과목이다. 영어를 잘하기 위한 가장 핵심적인 방법은 생활 속에서 늘 영어를 접하는 습관을 갖는 것이다. 처음부터 욕심을 부려서 어려운 문법이나 어휘를 암기하려고 애쓰는 것은 바람직하지 않다. 영어에 두려움이 생기거나 영어에 대한 부담감에 지쳐 버리는 부작용 때문이다. 가벼운 마음으로 꾸준히 접하면서 흥미와 관심을 키우는 것이 중요하다. 매일 조금씩이라도 접하는 습관을 갖도록 노력하는 것이 현명하다.

지금 생각하면, 내가 영어 공부를 시작했던 기회가 참 감사하게 생각된다. 나는 초등학교 때부터 중학교 때까지 4년 남짓 동안에 TV 방송의 영어 프로그램이었던 〈세계로 씽씽씽〉에 고정출연하면서 자연스레 영어에 대한 관심과 흥미를 키울 수 있었다.

〈세계로 씽씽씽〉은 내가 외국인 진행자와 함께 진행을 맡은 영어 프로그램으로, 매주 촬영을 위해 많은 영어 단어와 영어 노래를 익혀야만 했다. 그런데 단어장을 보면서 달달 외우는 것이 아니라, 아기자기한 촬영 소품, 노래 가사, 춤 등을 통해 영어를 익히다 보니 지루하거나 힘들지 않았다. 예쁜 의상을 입고서 팔짝팔짝 뛰어다니며 외국인 진행자가 가르쳐 주는 영어를 배우는 것이라서 공부를 한다기보다는 놀이를 한다는 기분이 컸다. 또한 외국인과 스스럼없이 어울리다 보니 자연스레 외국인과 대화하는 상황에 대한 두려움도 생기지 않았다.

흔히 사람들은 외국인과 대화를 해야 하는 상황에 닥치면, 내가 혹시나 영어를 틀리게 말하지 않을까, 외국인이 나의 영어 실력을 비웃지 않을까 하는 걱정에 사로잡히는 경우가 많다. 그래서 영어 실력이 형편없는 것도 아닌데도, 말 한 마디 못하고 입을 꾹 다무는 일이 종종 있다. 그러다 보면 영어 실력은 늘지 않는다. 일단은 영어에 대한 마음을 편하게 갖고, 실수를 지나치게 두려워하지 말자! 두려움을 버리는 것이 가장 중요하다.

다시 강조하지만, 영어를 잘하기 위해서는 우선 영어에 친숙해져야 한다. 만약 영어에 대한 부담감이 이미 너무 큰 탓에 영어 공부가 어렵게만 여겨진다면, 문법이나 독해 공부 대신에 영어 듣기만을 하면서 영어에 친숙해지는 훈련을 시작할 것을 권한다.

영어와 친숙해지기 위해 시작할 수 있는 일들은 다양하다. 여기서 중요한 것은, 자신이 좋아하는 방법을 통해 자연스럽게 접근하는 것이다. 만약 음악을 듣는 것을 좋아하는 친구라면 좋아하는 팝송을 찾아서 여러 번 반복해서 듣는 것으로 영어 공부를 시작할 수 있다. 뜻은 모르더라도 일단 영어 가사가 귀에 익을 때까지 여러 번 듣는 것으로 시작한다. 그런 다음에는 가사를 찾아서 따라 불러

본다. 처음에는 뜻을 모르고 따라 불러도 상관없다. 노래를 잘 부르기 위해 노래 연습을 하듯, 가사의 영어 단어 읽는 법을 하나씩 익혀 가고, 대강은 외워서도 부를 수 있을 만큼 반복한다. 그런 다음에는 가사를 직접 해석해 보거나, 혹은 해석을 찾아서 자신이 부르는 구절과 맞춰 보는 것이다. 그러다 보면 저절로 가사 속의 영어 단어들이 머릿속에 암기가 되고, 그 뜻까지 기억에 남게 된다. 영어 공부의 시작은 이렇게 자연스러운 것이 좋다. 이러한 요령을 통해 영어 공부를 지치지 않고 계속할 수 있는 바람직한 기본이 마련된다.

지금부터는 외국어 영역 문제를 풀 때 알아 두면 좋은 요령 세 가지를 소개하려 한다.

첫 번째, 영어 지문을 읽을 때는 'and', 'but', 'or', 'because' 같은 접속사들을 주의해서 살펴보면 답을 찾기가 쉬워진다. 외국어 영역에서 문제로 삼는 지문들은 주로 접속사가 등장하는 곳에서 내용이 강조가 되거나 다른 내용으로 바뀌곤 한다. 따라서 접속사들을 잘 살펴본다면, 까다로운 문장이 중간 중간에 있어서 전체의 내용을 꿰뚫을 수 없는 경우에도 문제 풀이의 단서를 얻을 수 있다. 어떤 접속사가 어떤 맥락에서 사용되었는지를 대강 파악하는 것만으로도 문제가 어느 정도 파악되면서 답을 가늠하는 것까지 가능해진다.

두 번째, 문제를 잘 읽으면 답이 가까워진다. 특히 지문의 내용을 잘 파악할 수 없는 경우에는 무엇보다도 문제를 정확히 파악하려고 해야 한다. 흔히 '답은 문제에 있다.'고 한다. 다른 영역도 그렇겠지만 특히 외국어 영역에서는 답을 알기 위한 첫 단추로 문제를 제대로 읽는 것이 도움이 된다. 심지어 문제만 보아도 답을 알 수 있는 경우도 있다. 한 예로 아래에 인용한 수능 기출 문제를 보자.

• 다음 글의 상황에 나타난 분위기로 가장 적절한 것은?

After dinner he built a fire, going out into the weather for wood he had piled against the garage. The air was bright and cold against his face, and the snow in the driveway was already halfway to his knees. He gathered logs, shaking off their soft white caps and carrying them inside. He sat for a time in front of the fireplace, cross-legged, adding logs, and gazing at the warm fire. Outside, snow continued to fall quietly in the cones of light cast by the streetlights. By the time he rose and looked out the window, his car had become a soft white hill on the edge of the street.

① calm and peaceful
② lively and festive
③ funny and amusing
④ exciting and thrilling
⑤ promising and hopeful

　이 문제는 '분위기'를 묻고 있다. 만약 지문 전체를 독해하는 게 어렵더라도 문제가 요구하는 바, 분위기를 짐작할 수 있는 있는 단어들만 해석해도 답을 고를 수 있다. 'snow', 'warm fire', 'soft' 처럼 쉬운 단어들만 봐도 분위기가 짐작된다. 답은 당연히 ①번이다.

　세 번째, 외국어 영역을 풀 때는 자신의 감을 충분히 믿어야 한다. 과감하게 스피드를 즐겨라. 문제 하나하나, 단어 하나하나에 붙잡혀 시간을 보내지 말고 쭉쭉 읽으면서 자신의 감에 따라 문제를 풀어 보자. 머릿속에 단어의 뜻이나 문법 내용이 일목요연하게 들어 있지 않더라도, 그동안 학습한 내용들은 머릿속에 어렴풋하게나마 보관되어 있을 것이다. 모르는 문맥 앞에서 정확한 답이 떠오르지 않는 경우라도, 머릿속에 보관된 것들이 가장 유력한 답을 알려 줄 때가 있다. 그리고 그동안 영어를 접해 오면서 생긴 노하우들이 문제 풀이를 안내해 주기도 한다. 지나치게 하나하나에 붙들리면 그러한 감이 발동되지 못하고 사라지는 수가 있으니, 최대한 속도를 내면서 자신의 감을 발휘해 문제를 푸는 것이 좋다.

> **TIP 외국어 영역 공부 핵심 노하우**
> - 영어를 잘하기 위해서는 생활 속에서 늘 습관처럼 접하는 것이 가장 중요하다!
> - 처음 시작할 때는 영어와 친숙해지려는 노력이 우선이다! 가벼운 마음으로 꾸준히 접하면서 흥미와 관심을 키워라!
> - 외국어 영역 문제 풀이 요령 세 가지. ① 접속사를 잘 살펴라! ② 답은 문제에 있다! ③ 자신의 감을 충분히 믿어라!

탐구 영역 정복기

탐구 영역의 기본 학습에서는 교과서가 가장 중요하다. 탐구 영역 문제의 정답은 기본적으로 교과서에 있기 때문이다. 언어 영역, 수리 영역, 외국어 영역은 여러 가지 교재를 활용해서 기본 학습을 할 필요가 있지만, 탐구 영역의 기본 학습은 교과서를 제대로 활용하는 것으로 충분하다. 오히려 여러 가지 기본 교재를 동시에 보는 것은 혼란을 초래할 수 있다. 단편적인 내용이 머릿속에서 뒤섞여 암기를 방해할 뿐만 아니라 핵심을 알아보기도 힘들어진다.

 교과서는 반복해서 봐야 한다. 탐구 영역은 워낙 방대한 영역에서 문제가 출제되기 때문에 구석구석의 내용을 섭렵해야 한다. 그런데 처음부터 아무리 꼼꼼하게 외운다고 해도 그 광범위한 내용이 단번에 머릿속에 각인되어 있을 수는 없다. 이미 살펴본 내용이라고 해서 지나치지 말고 반복해서 보고 또 보는 것이 중요하다. 이 역시 탐구 영역에서 여러 가지 기본 교재를 보는 것보다 교과서를 반복해서 보는 게 바람직한 이유이다. 여러 가지 교재를 번갈아 가며 볼 때는, 비록 내용이 같더라도 책의 편집이 다르기 때문에 해당 내용을 자신이 얼마나 숙지했는지를 체크하는 데 방해가 된다. 그래서 탐구 영역은 교과서를 기본 교재로 정해서 반복 학습을 하는 게 효과적이다.

교과서를 통한 학습은 기본을 쌓기 위한 것이다. 탐구 영역은 기본을 철저히 숙지하는 것만큼이나 응용이 중요하다. 한 단원의 내용만이 아니라 여러 단원의 내용이 연결되어서 하나의 문제로 출제되는 경우가 많고, 한 교과만이 아니라 다른 교과와의 통합 문제도 자주 출제되기 때문이다. 문제의 경향도, 괄호가 있고 그 안에 들어갈 단어를 고르는 식이 아니라 전반적인 시대 흐름을 알거나 교과를 연결하는 사고력이 있어야 답을 고를 수 있는 경우가 많다.

그렇기 때문에 탐구 영역을 공부할 때는 일명 '가지 뻗기' 방식으로 하는 게 좋다. 나무 하나만 보는 것이 아니라 다양한 가지와 많은 열매를 상상하며 학습하는 것이다. 이것은 응용력을 기르기 위한 훈련 과정이기도 하다. 국사를 공부하는 경우, 1608년 경기도에서 대동법이 실시된 시기를 공부할 때 동시대의 세계사적인 사건은 무엇이 있는지도 떠올려 보는 것이다. 1600년에 영국에서는 동인도 회사가 설립되었고 1603년에는 일본에서 도쿠가와 막부가 성립되었다. 이러한 사실들을 확인해 보고 이것들이 어떻게 하나의 문제로 연결될 수 있을지까지 궁리해 본다면 학습 효과는 배가된다.

탐구 영역에서는 특히 많은 양의 문제를 풀어 보는 것이 실력 향상에 많은 도움을 준다. 그리고 문제 풀이 자체가 기본기를 다지는 데도 도움을 준다. 탐구 영역의 학습은 암기 및 이해와 응용을 조화롭게 할 때 시너지 효과가 큰 과목이다. 다른 영역에 비해 특히 그렇다. 다음과 같은 식으로 연결된다고 할 수 있다.

암기·이해 ⇔ 응용

탐구 영역의 내용이 워낙 광범위하기 때문에 더더욱 그렇다. 그 모든 범위를 살피려면 암기·이해와 응용 과정을 유기적으로 반복해야 한다. 간단한 방법은, 이해하고 풀고 이해하고 풀고를 반복하는 것이다. 두 시간 동안 암기와 이해를 했다면 그 절반인 한 시간 정도는 문제 풀이에 할애하는 게 좋다. 한 시간 동안 암기를 했다면 30분 동안은 문제 푸는 시간으로 쓰는 것이 좋다.

탐구 영역에서는 특히 암기나 이해가 자신 안에서 이루어졌다고 믿더라도, 문제 풀이에서는 막힐 수가 있기 때문에 문제 풀이 경험 자체로써 암기와 이해를 보강하는 게 효과적이다. 기본 학습을 한 후 바로 문제 풀이를 이어서 하다 보면, 암기와 이해의 취약한 지점을 즉시 알 수 있다는 장점이 있다. 문제 풀이가 기본 학습의 빈 곳을 메우는 수단으로 활용되는 것이다. 그러니 암기·이해와 응용문제 풀이를 유기적으로 병행하는 방법을 반드시 기억하자.

그리고 중요한 것 한 가지. 탐구 영역을 공부할 때는 고지식하게 혼자서 공부하지 말고 학원 수업이나 인터넷 강의를 충분히 활용할 것을 권한다. 여러 번 강조하지만, 탐구 영역의 범위는 엄청나게 넓다.

그리고 구석구석을 꼼꼼히 익히더라도 그 내용들이 다른 어떤 내용과 통합되어 나올지 모르고, 어떤 사고력 문제로 응용될지 알 수 없기 때문에 자기만의 이해와 혼자만의 개념 정리만을 참고하는 것은 지엽적이다. 특히 중요한 부분이 무엇인지, 교과의 전체적인 흐름은 무엇인지 등을 파악하는 데는 학원 강의나 인터넷 강의를 충분히 참고하는 것이 유리하다. 탐구 영역의 경우 특히나 지엽적인 공부가 아니라 포괄적인 공부를 해야 하기 때문에 보조 강의를 활용하는 게 좋다는 점을 잊지 말자.

마지막으로, 탐구 영역 공부를 좀 더 쉽게 하는 요령이 있다. 이것은 외국어 영역 공부할 때도 마찬가지였지만, 무리한 욕심을 내기 전에 일단 친숙해지는 것이다. 친숙해지는 방법으로는 교과 내용을 녹음한 파일이나 동영상을 플레이어에 담아 두고 평소에 듣는 것이 큰 도움이 된다. 탐구 영역, 특히 사회 탐구 영역은 교과서의 내용을 이야기책을 읽듯이 자신이 읽으면서 녹음을 해 두었다가 등하교 시간이나 자투리 시간에 듣는 것도 좋다. 더 재밌게 하려면, 마치 DJ가 말하듯이 암기해야 할 내용들을 읊는 것이다.

"1271년 중국에선 원나라가 세워졌네. 원나라는 몽고 제국의 중

심지였네. 그때 우리나라 고려인은 저항하고 있었네. 특수군대 삼별초는 강했네. YO~!" 이런 식으로 말이다.

> **Tip 탐구 영역 공부 핵심 노하우**
> - 탐구 영역 학습의 기본은 교과서이다!
> - 교과서를 기본 교재로 삼아서 보고 또 보는 것이 비결!
> - 통합 문제를 대비해 평소부터 '가지 뻗기' 방식으로 공부하라!
> - 암기·이해 과정에서 문제 풀이에 대비하고, 문제 풀이를 통해 기본 학습의 빈틈을 보강하는 시너지 효과를 노려라!
> - 고지식하게 혼자서 공부하는 것은 NO! 포괄적인 공부를 위해 보조 강의를 충분히 활용하자!

공부 스타일링 #5
이것만은 **반드시!**

이동 시간이나 자투리 시간에는 귀로 공부하자

나는 방송국 혹은 촬영장에 다니느라 늘 하루 중 어딘가로 이동하기 위해 쓰는 시간이 길었다. 나처럼 방송 활동을 하지 않더라도, 학교와 집이 먼 친구들이나 학원에 가는 데 걸리는 시간이 긴 친구들은 하루 중 이동 시간이 상당할 것이다. 이러한 이동 시간이나 학교생활 틈틈이 생기는 자투리 시간을 위한 공부 노하우가 있다.

버스나 지하철을 탔을 때 종종 단어장이나 문제집을 무릎에 올려놓고 공부하는 친구들의 모습이 보곤 한다. 그런데 이동 시간을 활용해서 공부하는 그 열정은 멋있지만, 흔들리는 차 안에서 겨우 균형을 잡으면서 책을 보는 모습은 조금 안쓰럽다. 이동 시간이나 자투리 시간에는 집중력도 차분한 환경에 비해 떨어지기 마련이고, 몸이 이리저리 흔들리기까지 한다면 시력도 나빠진다. 그래서 이럴 때를 위해, 공부할 내용을 녹음한 음성 파일을 저장한 플레이어를 갖고 다니며 틈틈이 듣는 것이 좋다. 눈과 손이 아니라 귀로 공부하는 것이다.

동영상 강의 역시 책보다는 보기 편하지만 차 안에서 보기엔 여전히 불편한 감이 있다. 어딘가에 시선을 고정시키고 있기가 힘들어 피곤함을 느낄 수가 있으니, 가급적 음성 파일을 듣는 것을 권하고 싶다. 음성 파일을 듣는 것은 고도의 집중력을 요하지도 않는다. 어차피 소란스러운 와중에 모든 내용을 꼼꼼히 들을 수는 없을 테니 마음을 조금은 편하게 갖고 듣도록 한다. 눈을 감은 채 영어 듣기를 재생해도 좋고, 자신이 직접 녹음해 둔 탐구 영역 요약을 들어도 좋다. 대신 못 알아듣고 지나가 버리는 부분, 확실히 이해하지 못하고 넘어가 버리는 부분이 있을 테니, 한 번 듣고 마는 것이 아니라 여러 번 청취하도록 한다. 이렇게 이동 시간이나 자투리 시간마다 귀를 활용하는 것은 학습 효과뿐만 아니라 공부에 친숙해지는 데도 도움을 준다.

과목별, 단계별로 공부 잘되는 아지트가 다르다

나는 학교에서 공부하는 책과 집에서 공부하는 책이 달랐다. 학교에서 풀던 문제집을 집에 가지고 오거나 집에서 보던 문제집을 다음 날 학교에 가지고 가는 법이 거의 없었다. 집에서 공부하는 것과 학교에서 공부하는 것을 구분했기 때문이다. 나는 집에서는 암기에 주력하고 학교에서는 기본 문제나 응용 문제 풀이에 주력했다. 학교에서는 주변이 소란스러운 편이기 때문에 암기보다는 문제 풀이가 잘되었기 때문이다. 그러다 보니 학교에서는 거의 문제 풀이만 하는 내 모습을 본 친구들이 시간도 없는 애가 암기는 언제 다했냐며 놀라워한 적도 있었다. 나는 집에서 졸린 눈을 비벼가며 늦게까지 암기를 하고 학교에 온 처지였지만, 왠지 암기 없이 문제 푸는 아이로 보이는 게 근사할 것 같아서 티를 안 내고 숨기기도 했었다.

요점은, 학교나 집 또는 이동 시간의 차 안처럼 장소에 따라서 공부가 잘되는 과목 혹은 단계가 다르다는 것이다. 나는 학교에서는 문제 풀이가 잘되고, 집과 차 안에서는 암기가 잘된다는 특성을 파악해 공부를 구분해서 했다. 또한 공부하는 과목도 장소와 환경에 따라 차이를 주었다.

이동하는 차 안에서는 흔들림과 소음이 있기 때문에, 앞에서 말했듯이 사회탐구 영역의 요점을 녹음한 것이나 영어 단어 녹음 테이프를 듣곤 했다. 그리고 방송국이나 촬영장에서는 내 분량의 촬영을 마치고 다음 촬영을 위해 기다리는 대기 시간이란 게 있었는데, 이럴 때에는 암기 과목의 교과서를 빠르게 읽어 나가는 공부를 주로 했다. 나중에 꼼꼼히 보기 전에 전체 맥락을 파악하는 것 위주로 광범위하게 살펴보는 것이다.

학교에서 쉬는 시간에 공부하기 좋은 것은 수학 문제 풀기였다. 주변이 소란스럽고 주어진 시간이 짧기 때문에, 금방 집중했다가 목표로 정한 문제 몇 개를 풀고 또 금방 책을 덮을 수 있는 공부를 하는 게 좋기 때문이었다. 학교에서 시키는 야간 자율학습 시간은 거의 유일하게 공부 시간을 한 번에 길게 할애할 수 있는 기회였다. 나의 경우 이때에는 주로 영어 독해 문제를 풀었다. 장시간의 집중에 알맞기 때문이었다.

여러분도 잘 찾아보면 자신이 움직이고 생활하는 환경에 따라 과목별, 단계별로 공부가 특히 잘되는 아지트를 발견할 수 있을 것이다. 이것을 잘 파악하면 공부 능률을 기대 이상으로 높일 수 있다. 그러니 지금 바로 자신만의 공부 아지트를 찾아보자!

자기에게 맞는 문제집을 고르자

문제집은 자신이 직접 골라야 한다. 누구나 취약한 부분이 각각 다르기 마련이다. 누구는 암기에는 강하지만 응용에는 약하기도 하고, 누구는 응용은 곧잘 하는데 암기력이 떨어질 수 있다. 암기에 강한 사람은 응용 문제 위주의 문제집이나 기출문제집을 보는 것이 좋다. 응용에 강한 사람이라면, 암기 내용이 잘 정리된 문제집을 택하는 것이 맞을 것이다. 따라서 자신의 스타일을 알고 문제집 선정도 각자의 스타일에 따라 직접 해야 한다.

　한편 선호하는 문제집 편집 스타일도 모두 다르기 마련이다. 뒤로 넘기는 문제집을 좋아하는 사람이 있고, 옆으로 넘기는 문제집을 좋아하는 사람이 있다. 본문 편집도 다채로운 색이 들어간 것을 좋아하는 사람이 있는 반면 색이나 장식 없이 깔끔한 것을 좋아하는 사람이 있다. 문제집을 펼쳤을 때, 글씨체나 디자인이 맘에 들고 기분이 좋은 문제집으로 골라야 한다. 사소한 일 같지만, 문제집의 편집이나 디자인이 자신의 취향과 달라 문제 풀이에 방해를 받는 경우가 꽤 많다는 사실을 무시하면 안 된다. 이처럼 문제집의 필요나 선호하는 편집이 모두 다르기 때문에 문제집은 자신이 직접 고르는 것이 현명하다.

오답 노트를 120퍼센트 활용하는 노하우

고등학교 2학년 무렵에, 모의고사 성적이 갑자기 뚝 떨어진 적이 있었다. 나는 걱정도 되고 조급한 마음이 들어서 잠을 줄여 가며 공부에 더 매진했었다. 그런데 다음 시험에서도 성적은 하향곡선을 그렸다. 이유가 무엇일까 한참 고민하다가 우연히 그 까닭을 알게 되었다.

그 이유는 모의고사 문제집을 다시 살펴보던 중에 발견되었다. 언젠가 한 번 틀렸던 문제와 거의 유사한 문제를 모의고사에서도 틀린 것이 눈에 띄었다. 한 번 틀렸던 문제를 확실히 학습하지 않고 넘어간 것이 화근이었던 것이다. 나는 그때부터 전보다 철저하게 오답 노트를 활용하기 시작했다.

오답 노트에는 틀린 문제와 정답 외에도, 문제 풀이와 함께 자신이 어떤 부분을 몰랐는지, 문제 풀이를 통해 새로 알게 된 것은 무엇인지를 함께 병기하도록 해야 한다. '미분의 개념을 확실히 알기' 혹은 '현대의 경제 사상가에 대해 다시 볼 것' 처럼 스스로에게 필요한 부분까지 적어 두는 것이다. 그렇지 않고 틀린 문제와 정답만을 적는 것은, 오답 노트의 기능을 20퍼센트도 발휘하지 못하게 한다.

오답 노트의 최대의 기능은, 틀린 문제를 통해 정답이 가르쳐 주는 것의 120퍼센트를 배우는 것이다.

언어 영역 문제 중에서 시가 지문으로 나온 문제를 틀렸다고 가정해 보자. 만약 정답이 시의 1연 하고만 관련이 있다고 해도, 1연만을 다시 공부하고 2연, 3연은 공부하지 않고 넘어가는 것은 잘못된 방법이다. 모의고사에 출제된 시라면 꽤 중요한 작품일 텐데, 그냥 넘어갔다가는 언제 다시 그 시를 공부할 수 있을지 모른다. 정답지의 해설 혹은 참고 자료를 통해 나머지 2연과 3연의 내용을 비롯해 전체의 주제까지 파악해 두면 정답을 외우는 것 이상의 공부 효과가 있다.

한자성어 문제의 경우도 마찬가지다. 5개의 보기 중에 답은 하나였을 테지만, 나머지 4개의 사자성어까지 뜻을 찾아보고 나서 문제를 접한 기회에 외워 두는 것이다. 수능에 나오는 사자성어는 어느 정도 범위가 정해져 있어서, 이번에는 정답이 아니더라도 다른 문제에서는 정답으로 출제될 수도 있기 때문이다.

> **TiP 공부 스타일링을 위한 4가지 필수 노하우**
> - 이동 시간이나 자투리 시간에는 눈과 손 대신 귀로 공부하자.
> - 공부 아지트를 찾아라!
> - 자기에게 맞는 문제집은 따로 있다.
> - 오답 노트를 통해 학습을 확장시켜라!

제2부 성적을 올리는 공부 스타일링 노하우

촬영장에서 익힌 공부 노하우

시끄러운 곳에서도 집중하기

야간자율학습이 시작되어도 아이들의 수다는 멈추지 않는다. 감독 선생님이 안 보일 때면 마치 쉬는 시간처럼 교실이 소란스러워지기도 한다. 그럴 때면 꼭 소란한 교실을 더 소란하게 부추기는 목소리가 있다.

"조용히 좀 해!!!"

공부에 방해가 되니 조용히 하자는 외침이지만 사실 그 목소리가 더 시끄러울 때가 많다.

나는 늘 주변이 시끄러운 곳에서 공부를 해야 하는 환경에 적응한 탓에 친구들의 소란이 그다지 공부에 방해가 되는 일이 없었다. 여러 사람들이 바쁘게 뛰어다니는 촬영장이나 수많은 기계장치들이 소리를 내며 움직이는 스튜디오가 내가 주로 공부를 하는 곳이었기 때문이다. 교실에서 옆 친구들의 수다에 둘러싸이는 것도 촬영장의 소음에 비하면 오히려 조용한 편이었다.

나도 처음에는 시끄러운 곳에서 집중하는 일이 쉽지는 않았다. 알 듯 모를 듯한 내용을 읽고 있는데 주변에서 사람들의 목소리가 계속 들린다면 읽고 있는 내용과 옆 사람의 목소리가 머릿속에서 뒤섞이기 마련이다. 하지만 어린 시절부터 계속된 훈련(?) 덕분에 나중에는 시끄러운 곳에서도 집중하는 것이 가능해졌다. 자꾸 연습

을 하다 보니까 주변을 신경 쓰지 않고 공부에 몰입하는 것도 가능해진 것이다.

아무리 그래도 주변 소음 때문에 공부에 집중이 안 될 때가 없지는 않다. 그럴 때의 요령은 따로 있다. 언어 영역이나 외국어 영역은 지문을 읽으면서 내용 이해를 동시에 해야 하기 때문에 시끄러운 곳에서 공부하기에 좋지 않다. 나는 주변의 소란스러운 환경이 신경 쓰일 때는 언어, 외국어 영역 공부나 암기 학습은 피하고 대신 수학 문제를 주로 풀었다. 수학 문제는 다른 과목에 피해 소음으로 인한 방해를 덜 받는다. 문제 풀이의 논리적 흐름만 따라가면 되는 탓에 주변의 방해를 덜 받는 것이다.

방해를 피하는 손쉬운 방법

청소년 드라마를 촬영할 때는 같이 출연하는 배우들이 또래가 많았기 때문에, 촬영 중간에 쉬는 시간이면 함께 어울리는 일도 많았다. 나도 아이들과 어울리고 싶은 적이 자주 있었지만, 나 자신과 한 약속이 있어서 쉽게 공부에서 손을 놓을 수가 없었다. 성적이 떨어지면 연기를 접겠다고 한 약속 때문이었다.

나는 촬영장에서도 늘 교과서나 문제집을 들고 다니는 아이로 유명했다. 워낙 공부할 시간이 없다 보니 다른 도리가 없는 일이었다. 그런데 때로는 책을 덮고 쉬

고 싶어도 그럴 수 없는 이유가 따로 있었다. 틈만 나면 책을 꺼내 공부를 시작하는 나를 보고 감독님이나 스태프 분들이 자꾸 칭찬을 하시니까, 나중에는 공부를 안 하고 쉬고 있으면 뭔가 잘못하는 기분이 들었다. 공부하는 아이로 굳어진 내 이미지가 훼손되는 기분이랄까.

    습관이 습관을 만드는 듯하다. 촬영장에서 늘 공부하는 모습을 보이다 보니 나중에는 사람들이 내가 부탁하지 않아도 내가 공부를 할 수 있게 배려해 주기도 했다. 그러니 방해를 피하는 손쉬운 요령은 단순하다. 꾸준히 공부하는 습관을 사람들에게 보여 주기만 하면 된다.

03 멋진 미래를 향한 도약

　〈포레스트 검프〉라는 영화를 보셨나요? 아이큐가 75에 불과한 포레스트 검프는 어느 날 자신을 괴롭히는 친구들의 장난을 피해 도망치다가 엄청나게 빨리 달리는 자신의 재능을 알게 됩니다. 사람들로부터 모자란 사람으로 취급받던 포레스트 검프가 자신만의 재능을 발견한 것이죠. 이후에 그에게 일어난 일들은 거의 기적과 같습니다. 달리기 실력 덕분에 미식축구 선수로 운동장을 누비다가 대학에도 입학하고, 베트남전에서는 빠른 다리 덕분에 전우들을 구하고 훈장을 받습니다. 죽은 전우와의 약속을 지키려고 시작한 새우 잡이에서도 우연한 일로 어마어마한 돈을 모으죠.

　그런데 포레스트 검프가 많은 성공을 거둔 결정적인 이유는 결코 기적과 같은 우연들 때문만이 아닙니다. 순수하게 매진하는 그의 자세 덕분이었죠. 지금 여러분이 마음속으로 그리는 멋진 미래, 지금 그것을 이루기 위해 가장 중요한 것은 무엇일까요? 특출한 재능? 든든한 환경? 그보다 중요한 것은 늘 자신의 소망을 위해 전심전력하는 포레스트 검프와 같은 노력입니다.

언제나 **초심으로** 돌아가라

KBS 드라마 〈황금사과〉의 오디션을 볼 때의 일이다. 한단희 역으로 출연했던 〈쾌걸 춘향〉의 촬영을 끝내고 쉬고 있을 때인데 갑자기 한 시간 후에 〈황금사과〉의 오디션을 보자는 연락을 받았다. 오디션 역할은 남자 주인공의 첫사랑이며 부산 사투리를 쓰는 홍연 역이었다. 오디션을 위해 우선은 사투리를 연습해야 할 것 같았다. 나는 경상도 사투리를 아는 친구에게 부탁해 짧은 시간이나마 사투리 레슨을 받았다. 그리고 나서 빠듯하게 오디션 장소에 도착했다.

그런데 오디션을 시작하자마자 '컷' 소리와 함께 감독님께서 연기를 멈추셨다. 감독님은 나의 말투가 부산 사투리가 아니라 대구 사투리라는 것을 바로 지적하셨다. 그리고 당일치기로 대본이 나오기 일쑤인 미니시리즈의 특성상 부산 사투리를 원래 구사할 줄 아는 사람이 필요하다고 하시면서 나를 캐스팅할 수 없다고 말씀하셨다.

결국 오디션 장소를 떠나 집으로 돌아오는데 오는 길 내내 아쉬움이 사라지질 않았다. 나는 오디션 결과가 이미 그렇게 되었음에도 불구하고 매니저에게 부산 사투리를 쓰는 분과 전화 통화를 해 볼 수 있게 수소문해 달라고 부탁했다. 결국 부산 분과 통화가 되었는데 같은 경상도이지만 역시나 대구 사투리와 부산 사투리가 확연히 다르다는 것을 알 수 있었다. 부산 사투리의 억양을 알고 나니 아쉬움은 더욱 커졌다.

결국 집에 돌아왔지만 계속 홍연 역할이 머릿속에 맴돌았다. 쉬지도 못하고 한참 동안 뒤척이고 있다가 문득 새로운 결심이 들었다. 감독님께 다시 한 번 전화를 드려 보자고 마음먹은 것이다. 일단 캐스팅 디렉터에게 연락해 감독님의 전화번호를 알아내는 데는 성공했다. 하지만 막상 전화를 걸려고 하니 또다시 걱정과 긴장에 사로잡혔다.

'전화를 할까, 말까?', '괜한 시도일까? 그래도 해 볼까?' 하는 갈등이 마음속에서 수백 번도 넘게 일었다. 내가 하려는 말을 미리 연습까지 하며 머릿속에 정리했지만 전화를 걸기까지는 또 시간이 걸렸다. 휴대전화 앞자리 번호인 '011'까지만 누르고 나서 곧장 종료 버튼을 누르기를 수십 번도 더 했다. 그러나 나는 결국 용기를 냈다.

"감독님. 아까 오디션을 본 이인혜라고 합니다. 제가 어떤 부분에서 실수를 했는지 알았습니다. 한 번 더 기회를 주시면 잘할 수 있어요."

하지만 감독님께서는 이미 캐스팅이 결정되었다며 "다음에 합시다."라는 대답만 하셨다. 나는 전화를 끊고도 한참 동안 잠을 이룰 수가 없었다. 이상하게도 머릿속에서는 계속 부산 사투리가 맴돌았다.

"아이다…… 나, 그것 좀 도…… 아 맞나?"

나는 그다음 날에도 그새 입에 밴 사투리를 틈만 나면 중얼거렸다. 캐스팅을 놓친 아쉬움이 그만큼 컸던 것이다. 그런데 며칠 후에 갑작스레 제작사에서 다시 연락이 왔다. 그 역할을 맡기로 했던 배우가 연기력 문제로 인해 촬영을 못하게 되었으니 다음 날 바로 오디션을 보러 오라는 것이었다.

새로운 도전을 위해 초심으로 돌아가자

결국 다시 오디션을 볼 기회를 얻었지만 이번에는 감독님께 전화를 할 때보다 더 얼굴이 달아오르는 상황이 벌어졌다. 이미 드라마 촬영이 시작된 터라 따로 오디션 장을 마련할 수 없으니 방송국 스튜디오에서 바로 오디션을 한다는 것이었다. 스튜디오에서 오디션을 본다는 것은 그전에는 한 번도 없었던 일이었다. 어수선한 스튜디오에서, 이미 캐스팅이 결정된 다른 배우들을 비롯해 촬영 준비로 바쁘게 오가는 수많은 스태프들 한가운데에서 얼굴을 드러내고 오디션을 봐야 한다는 사실에 나는 기쁨보다는 부끄러움이 앞섰다.

당혹스러운 상황은 그뿐만이 아니었다. 오디션 장면이 눈물 연기였던 것이다. 눈물을 흘리는 장면을 대본 없이 외워서 해 보라는 지시가 떨어졌다. 아역 배우 출신으로 벌써 연기 경력이 적지 않은 배우가 사람들 앞에서 우는 연기를 선보여야 하는 상황이라 또 한 번 당혹스러운 기분이 들었다. 나는 스스로를 달랠 겨를도 없이 창피함에 몸이 작아지고 있었다.

그런데 눈앞의 조명에 불이 들어오자마자 조금 전까지 마음을 뒤흔들었던 감정들은 사라지고 홍연이라는 인물에 집중하겠다는 마음이 뜨겁게 솟아났다. 그리고 뜻밖의 경험이 벌어졌다. 연기를 시작하자마자 배역에 완전히 몰입이 되면서 나도 모르게 눈물이 철철 흘러 내리는 것이었다. 감독님의 '컷' 소리가 들린 후에도 울음이 그치질 않았다. 불과 몇 분 전만 해도 창피한 기분에 사로잡혀 있었던 나는, 이내 배역과 상황에 완전히 몰입할 때의 짜릿한

희열이 사로잡히고 있었다.

결국 나는 홍연 역에 캐스팅되었고, 〈황금사과〉에서 연기했던 그 역할은 내게 연기의 기쁨과 의미를 새롭게 알려 준 소중한 역할이 되었다. 그리고 그때 내 연기를 좋게 보신 감독님께서 〈천추태후〉에서도 나를 캐스팅해 주셔서 연기 경험을 한층 넓히는 기회도 얻게 되었다.

만약에 내가 오디션을 보던 당시에, 내가 경력 있는 연기자라는 이유로 그렇게까지 해야 하는 것에 대해 불만을 지녔거나 열심히 할 마음을 접었다면 어떻게 되었을까. 그때 예상치 못한 상황에서 오디션을 봐야 했을 때 얼굴이 달아올랐던 것은 사실이었다. 하지만 그때 속으로 다짐했던 것이 있다. 처음의 마음으로, 초심(初心)으로 돌아가자는 것이었다. 다만 연기가 하고 싶어서, 연기하는 것이 너무 좋아서, 대본을 읽고 배역을 연습하던 그때의 마음으로 돌아가자는 다짐이었다.

덕분에 나는 홍연이라는 소중한 역할을 만나게 되었고, 이후에도 더 큰 기회를 얻을 수 있었다. 그뿐만이 아니었다. 초심으로 돌아가자는 다짐으로 임하면 연기에 있어서도 훨씬 좋은 결과를 낼 수 있다는 사실을 배우게 되었다. 그렇기에 더더욱 나는 지금까지도 그때의 경험을 소중하게 생각하고 있다.

이따금, 아니 자주, 우리는 예기치 않은 시련에 부딪치곤 한다. 하지만 어떤 경우에도 좌절하지 않는 마음가짐이 필요하다. 그러기 위해서 가장 단단하게 마음에 지녀야 할 것이 바로 초심이다.

공부가 잘 되지 않고 기대만큼 성적도 오르질 않아 좌절에 빠졌을 때도 마찬가지이다. 초심을 되찾아야 한다. 초심을 되찾는 것만으로 안 된다면 아예 성적이 부족한 그 과목의 맨 처음으로 돌아가라. 고등학교에서 배우는 영어를 도무지 따라 갈 수 없다면, 중학교 영어 교재를 다시 펼쳐야 한다. 고등학생이 중학교 책을 보는 것을 수치스럽게 생각할 수도 있다. 하지만 그러한 수치심을 버리는 것도 역시 초심으로 돌아가는 것이다. 처음으로 돌아가는 것은 결코 스스로를 깎아내리는 일이 아니다. 그러한 과정은 다시금 기본을 되찾게 해 줄 뿐만 아니라, 배우고 성장하는 기쁨을 새로이 선사해 줄 것이다. 내가 〈황금사과〉 오디션에서 뜨거운 눈물을 흘리면서도 행복했던 것처럼 말이다.

2인자의
가치를 배워라

1992년 KBS 〈창작 동요제〉에 참가했을 때의 일이다. 당시 나는 합창단에서 활동하는 내 모습을 본 작곡가 선생님께서 창작 동요제에 함께 나가자고 해 주셔서 대회에 참가하게 되었다. 욕심이 많았던 나는 대회에 나가면 꼭 1등을 하리라고 다짐했고 그만큼 준비도 열심히 했다.

그런데 결과는 내 기대처럼 나오지 않았다. 2등인 우수상을 수상하게 된 것이다. 2등이 나쁜 결과가 아님에도 불구하고 나는 서운한 기분이 들었다. 지금도 그때 시상식을 찍은 테이프를 갖고 있는데 자세히 보면 상을 받는 아이들 중에서 나만 유독 시무룩한 표정을 짓고 있다. 2등을 했다는 것 때문에 그만 자존심이 상했던 것이다.

나는 초등학교 때 반장을 도맡았고, 초등학교 전체 학생 중에서 최우수 학생에게 주는 과학기술처장관상을 받기도 했었기 때문에 1등에 대한 기대가 컸었던 것 같다. 사실 내가 어떤 일에서든 1등을 해야만 한다는 것은 당치 않은 생각이지만 당시에 나는 기대와 다른 결과를 받아들이지 못했던 것이다.

무대에서 상을 받고서 고개를 들자 객석에 앉아 계신 엄마 아빠의 얼굴이 보였다. 부모님도 나의 기분을 알아채셨다. 행사가 끝나고 무대에서 내려와 엄마와 만났는데 엄마는 내 등을 토닥거리며 칭찬과 함께 위로를 해 주셨다. 그때 엄마가 해 주셨던 말이 지금까지도 생생하게 기억이 난다.

"인혜야, 아주 잘했어. 비록 1등이 아니라 2등이지만 절대로 서운해 하지 마렴. 2등이 얼마나 좋은 점이 많은데. 1등은 늘 남에게 시기와 질투를 받는 자리라서 이유 없이 미움도 받고 견제도 받곤 하는데, 2등은 모든 사람들이 격려와 응원을 해 준단다. 그래서 누구하고든 사이좋게 잘 지낼 수 있어. 그리고 1등은 늘 떨어질까 봐 걱정하지만 2등은 항상 위를 보면서 노력할 수 있어서 좋은 자리란다."

나는 엄마의 말씀을 듣고서야 비로소 2등의 의미를 새롭게 생각하게 되었다. 1등만 좋은 것이 아니구나. 2등의 자리에도 이런 의미가 있구나 하고 다시 생각하게 된 것이다. 나는 그 일이 있은 후로는 내가 기대했던 것처럼 1등을 하지 못하는 일이 생겼을 때도 2등의 의미를 되새길 줄 알게 되었다.

중학교 2학년 때는 제1회 미스 빙그레 대회에 참가했었다. 역시 많은 준비를 했고 기대도 컸지만 이 대회에서도 1등이 아닌 2등을 했다. 그런데 이번에는 〈창작 동요제〉 시상식 때와는 달리 너무나 행복한 얼굴로 상을 받을 수 있었다. 2등의 경험을 통해서도 내가 얻을 수 있는 가치와 의미가 크다는 것을 잘 알고 있기 때문이었다.

자신이 기대한 만큼의 결과를 얻지 못해 실망하거나 좌절하는 일이 종종 있다. 최고를 꿈꾸었으나 최고의 자리에 오르지 못했을 때 느끼는 허탈감은 때로 극복하기가 쉽지 않다. 하지만 그러한 경험에도 반드시 의미가 있기 마련이다. 1등이 못되고 2등에 그치더라도, 2등의 의미를 새롭게 한다면 그것은 앞으로의 기회에 반드시 새로운 힘을 줄 것이다.

그러니 1등을 하지 못했다는 이유로 좌절할 것이 아니라 2등의 의미를 새롭게 하길 바란다. 스스로 자신의 경험에 대한 긍정적인 의미를 찾고 그것을 통해 실력을 향상시킬 수 있는 사람이라면, 언제나 흔들림 없이 진정한 성장을 가꿔갈 능력이 있는 것이다. 그러한 사람에게 1등은 시간문제일 뿐이다.

포레스트 검프와 같은 노력

단 번에 1등이 되는 사람보다도 열심히 노력하며 끊임없이 성장하는 사람에게 큰 보람과 기회가 주어진다는 것을 깨달은 것은 특히 어린이 합창단 활동을 통해서였다.

내가 어린이 합창단 생활을 할 당시에는, 지금처럼 연기자 지망생을 위한 학원이 있거나 어릴 때부터 특기를 개발시켜 주는 매니지먼트 시스템이 따로 없었다. 그런 까닭에 연예인을 꿈꾸는 전국의 끼 많은 친구들은 그 등용문이나 마찬가지였던 어린이 합창단 활동을 선망했다.

그래서 합창단에 들어온 친구들은 대부분 실력을 이미 인정받은 친구들이었다. 그런데 나의 경우에는, 춤이든 노래든 특별한 연습을 해 본 적도 없이 합창단 활동을 시작했다. 그래서 처음에는 다른 친구들에 비해 실력이 한참 뒤처져 있었다.

연습을 하는 중간에 선생님에게 못한다고 혼나는 일도 자주 있었다.

선생님에게 혼나지 않기 위해서라도 연습을 더 열심히 하는 수밖에 없었다. 나는 비록 실력은 부족할지 몰라도 연습만은 누구보다도 열심히 하는 아이였는데, 누구보다도 잘해서 인정을 받고 말겠다는 의지가 있어서 그렇게 연습을 열심히 한 것은 아니었다. 처음에 나는 단지 선생님에게 혼나지 않겠다는 마음으로 연습을 거듭했다.

그런데 그러한 노력이 빛을 발하기 시작했다. 얼마 후에 나는 솔로 역할도 맡게 되고, 춤 출 때의 표정이 좋다는 이유로 카메라에도 가장 많이 잡히는 단원이 되었다. 누군가를 이기기 위해 노력을 한 것은 아니지만 스스로 최선을 다하다 보니 내가 연습한 실력을 인정받을 기회가 생긴 것이었다.

이 일을 계기로 깨달은 것이 있었다. 처음부터 1등이 아니더라도, 포기하지 않고 꾸준히 노력하고 성장하는 사람에게 보람과 기회는 반드시 주어진다는 것이다.

어떤 목표도 지닌 적이 없지만 숱한 성공이 저절로 따라왔던 포레스트 검프처럼 말이다. 자신에게 주어진 일에 전심전력을 다하다 보면 언제나 원하는 성과를 얻을 수 있다는 것을 나는 경험을 통해 깨달을 수 있었다.

경쟁도 마찬가지이다. 누군가를 이기기 위한 경쟁으로는 진정한 성장은 어렵다고 생각한다. 자기 자신을 이기고자 하는 경쟁,

포레스트 검트와 같은 그런 경쟁이, 자신을 진정 성장하게 한다고 나는 믿는다.

삶의 현명한 조언자,
멘토

멘토(Mentor)라는 말은, 현명하고 신뢰할 수 있는 상담 상대, 지도자, 스승 등을 뜻하는 말이다. 멘토는 즉 현명한 조언을 해 주는 사람이라고 할 수 있다. 그리고 우리는 때로 누군가의 삶 자체가 나에게 본보기로 여겨질 때, 그 사람의 모습을 통째로 멘토로 삼기도 한다.

  나의 멘토들은 헤아릴 수 없을 정도로 많다. 어머니, 교수님, 감독님…… 등등 내게 현명한 조언을 해 주는 분들, 내가 본보기로 삼는 분들은 정말 많다. 그리고 나의 멘토는 꼭 사람이 아닌 경우도 많다. 나는 즐겨 읽는 고전을 통해서도 조언을 얻고, 영화나 음악을 통해서도 조언을 얻는다. 영화 한 편, 노래 한 곡뿐만이 아니다. 영화의 대사 한 토막, 노래 가사의 한 구절까지도 나의 멘토가 되곤 한다.

언제나 나는 주변에서 존경할 만한 점을 찾아 나의 멘토로 삼곤 한다. 세상의 모든 것에는 늘 배울 것이 있다고 믿기 때문이다. 그리고 나의 경우, 꼭 한 사람의 전부를 배우려고 생각하지는 않는다. 한 사람의 전부를 배운다는 것은 불가능하기도 하거니와 그러한 마음은 현명하지 못한 것 같다.

사람은 누구든 나와 살아가는 환경이 다르고, 처한 입장도 다르고, 하다못해 IQ나 EQ도 다르기 때문이다. 따라서 누군가의 전부를 닮으려고 하는 것은 자칫 무모하기도 하고, 상대와 나의 여러 차이를 무시해 버리기 때문에 자신에게 바람직하지 않을 수 있다. 다만 내가 소화할 수 있는, 상대의 좋은 장점만을 내 삶의 조언으로 삼고 본받는 것이 바람직한 자세라고 나는 믿는다. 그래서 나는 한 사람에게 전적으로 조언을 얻고 배우기보다는 여러 사람에게서 훌륭한 점을 찾아 그것들을 통해 새로운 나를 만들어 가는 것이 바람직하다는 것을 강조하고 싶다.

자기 삶의 있어 중요한 결정을 할 때도, 한 사람뿐만이 아니라 되도록 많은 사람의 조언을 참고하는 것이 좋다. 자기 삶에 대한 결정의 책임은 언제나 스스로에게 있다. 그런데 한두 사람의 조언만을 듣다 보면, 그 결정에 대한 자기 책임감이 약해질 수 있다. 그 결정을 돌아볼 때, 자신의 결정이 아니라 남의 결정으로 생각해 버리는 것이다. 하지만 삶은 어떤 경우에서든 자신의 책임이 따른다는 것을 잊어서는 안 된다.

많은 조언을 듣되, 결정은 스스로

대학에 진학하기 전에, 대학교와 학과를 고민하던 당시에 이런 일이 있었다. 주변의 사람들이 내게 이런 조언을 했었다. 공부에 굉장히 의욕을 보이는 것은 연기 활동에 도움이 안 된다는 것이었다. 사람들에게 이인혜는 이제 연기 대신 공부만 하려나 보다 하는 인상을 줄 수 있으며, 고정된 이미지를 만드는 탓에 연기 폭을 좁힐 수가 있다는 것이었다.

그런 조언을 꽤 많이 들었다. 하지만 나의 생각이 달랐다. 일단은 유명한 연기자가 되는 수순에 대한 사람들의 천편일률적인 생각과 다르게 생각하고 싶었고, 무엇보다도 그러한 조바심 때문에 새로운 길을 가지 못하는 것보다는 당당하게 나만의 길을 만들어 나가고 싶었다.

그 무렵에 나는 이런 생각도 했었다. 명문대에 다니다가 연기를 시작한 연기자는 종종 있지만 어릴 때부터 연기를 한 사람 중에서 명문대에 간 사람은 많지 않았다. 그래서 나는 오히려 아역배우 출신으로서 성적을 통해 명문대에 가는 사람이 되어 나만의 것을 만들고 싶었다. 결국 나는 고려대에 수시 입학을 했고, 신문방송학과를 전공했다. 사람들의 우려를 무시한 것은 아니지만 명문대에 진학하고 연기와 상관없는 전공을 선택했다. 하지만 결국에는 그 선택이 지금의 나를 만들어 주었다. 학교에 가서도 꾸준히 공부를 계속한 결과, 졸업 후에는 교수라는 직업도 갖게 되고, 또한 지금처럼 공부법 책도 집필할 수 있게 되었으니 말이다. 그러니 비록 남들이 아니라고 하더라도 자신의 결정을 통해 인생에서 새로운 길을 만들어 가겠다는 자세가 중요하다.

다른 이의 말을 들을 때, 그것을 자신만의 것으로 소화하고 변형시키는 능력은 이렇게 중요하다. 공부할 때도 마찬가지이다. 공부를 잘하기 위해서는 잠을 줄여야 한다는 말을 듣고 그 말만 따라 잠을 줄였다가 하루 종일 졸음에 취해 아무 일도 제대로 못하는 경우가 있다. 누군가의 말을 그대로 따른다는 것은 이렇게 위험한 일이다. 잠이 많은 사람에게는 오히려, 잠은 푹 자고 깨어 있는 시간을 몇 배로 활용하는 집중력을 키우라는 조언이 필요하다.

그러니 자신만의 길을 개척하려면, 많은 이를 본받고 많은 조언을 듣되 결정은 스스로 내리고 늘 자신만의 길을 떠올려야 한다는 것을 잊지 말자.

대학 가면 뭐가 좋을까?

 이런 고민을 해 본 적이 있을 것이다. 대학에는 왜 가야 할까? 대학에 가면 뭐가 좋을까? 그런데 대학에 들어간 선배를 만날 일도 거의 없고, 부모님이나 선생님께서도 대학에 가야 한다고만 말씀하시지 대학에 가면 뭐가 좋은지를 설명해 주는 일도 별로 없다. 그래서 내가 대학에 가면 좋은 이유 세 가지를 말해 보려고 한다. 학문을 완성하고 미래를 도모하는 진지한 이유를 제외한 가슴 설레는 이유들을 말이다.

 첫째, 자유롭게 캠퍼스를 누리며 나의 사랑을 찾을 수 있다! 대학에 가면 만나는 사람의 폭이 넓어지고 교제의 기회도 많아진다. 수많은 이성 중에서 나의 짝을 찾을 기회도 커지는 것이다. 마음속으로 꿈꾸던 영화 같은 연애, 대학에 가면 할 수 있다! 잔디밭에 누워 연인끼리 팔베개를 해 주고, 도서관에서 나란히 앉아 공부를 하다가 불쑥 데이트를 떠나는 그런 연애!

 둘째, 눈가리개를 버리고 넓은 시야를 가질 수 있다! 보다 심도 있는 강의를 통해 관심을 확장시키고 전문적인 공부를 할 수 있다. 교과 단원을 공부하는 것에서 벗어나 자신의 전문 분야를 익히다 보면 자신이 정말 좋아하는 것, 꼭 도전하고 싶은 분야 등을 알 수 있다. 다양한 동아리 활동도 여러분을 기다린다! 취미로 혹은 교양으로 언젠가 접하고 싶었던 여러 활동을 아무 부담 없이 시작할 수 있다!

    그뿐만이 아니다. 외국에 나가서 가난하게 배낭여행을 해 볼 수도 있고, 학생회 활동을 하면서 부당한 일에 대한 자신의 의견을 당당하게 표현할 수도 있다. 대학 게시판에 커다란 대자보를 붙이는 것도 꼭 해 보고 싶지 않은가? 예전에 할 수 없었던 여러 경험을 통해 세상이 얼마나 다양하고 넓은지를 느낄 수 있다는 것이 대학의 장점이다!

    셋째, 진솔한 조언자를 찾을 수 있다. 대학에 가면 학식과 경험을 겸비한 교수님을 만날 수 있다. 또한 나와 다른 성향과 지향을 가졌지만 본받고 싶은 선배를 만날 수도 있다. 그런 교수님이나 선배를 통해 자신의 구체적인 진로에 대해서나 차원 높은 인생 고민에 대해서도 진솔한 대화를 나눌 수 있다.

    이 정도면 대학에 갈 이유가 충분하지 않을까? 그냥 막연히 대학에 가야겠다고 생각하지 말고, 보다 신나는 경험을 위해, 내 꿈과 미래를 위해 대학 진학을 준비하자!

인생의 고비를
넘기기 위하여

내 인생의 최고의 고비는 대학 3학년 때였다. 그때 나는 고민에 빠져 혼자 보내는 시간이 많았다. 워낙 하염없는 시간이었기 때문에, 대학 캠퍼스에 혼자 우두커니 앉아 잔디밭을 뜻 없이 바라보기도 하고, 학교에 벚나무가 몇 그루인지 세어 보며 시간을 보내기도 했다. 이때가 나의 인생을 통틀어, 내 삶에 대해, 진로에 대해, 행복에 대해, 가장 많이 고민했던 시기가 아닌가 싶다.

그 전까지 나는 단 한 번도 연기가 힘들다는 생각을 해 본 적이 없었다. 그리고 연기를 그만둬야 하는지를 고민해 본 적도 없었다. 하지만 대학 3학년 때, 나는 처음으로 연기가 내 인생에서 가장 소중한 내 직업인가라는 생각을 했다. '연기를 정말 계속해야 할까?'라는 생각을 한 것은 이때가 처음이었다.

사실 사람을 가장 힘들게 하는 고비는 심적 고비가 아닌가? 연기자로서의 삶과 미래에 대한 회의가 찾아들자 꽤 심한 진통을 앓아야 했다. 그 전까지 연기에 대한 내 생각은 참 자연스러운 것이었다. 나는 어릴 때부터 연기를 좋아했고, 좋아하니까 했었고, 그러다 보니 계속해 온 것이었다. 그런데 문득 회의가 자라났다. 내가 연기를 그냥 관성으로 하고 있는 것은 아닐까? 그리고 그밖에 새로운 생각들도 자라났다. 내가 연기 말고 다른 일을 하면 어떨까? 연기자가 아니라 다른 직업을 가지면 더 잘할 수 있을까?

내가 대학에 들어와서 내 인생에 대한 고민을 하게 된 데는 두 가지 이유가 있었다. 하나는 대학에 오면서 보다 많은 관심사와 꿈을 가진 친구들을 만나게 된 까닭이 있었다. 나는 대학 1학년 때 정경학부생으로 입학을 했는데, 학부에서 사귄 친구들은 내가 중고등학생 때 알고 지내던 친구들과 관심사나 꿈의 분야가 다른 친구들이 많았다. 나도 새로운 관심사가 생기면서, 총학생회의 학술국장을 맡기도 하는 등 이전에 알지 못했던 새로운 세상을 많이 접하게 되었다. 그러면서 나는 내게 가장 잘 어울리는 직업이 뭘까를 새로이 고민하게 된 것이었다.

그리고 또 하나의 계기가 바로 최현철 교수님과의 만남이다. 고려대학교 신문방송학과 교수이신 최현철 교수님을 처음 뵌 건 대학교 1학년 때였다. 나는 교수님을 수업 시간을 좋아했기 때문에 최선을 다해 수업에 참석했는데, 그래도 불가피하게 결석을 해야 하는 때도 있었다. 그런데 교수님께서는 꼭 내가 촬영 때문에 수업에 들어오지 못하는 날마다 출석을 부르시는 것이었다. 그래서 내가 한 번은 선생님께 감히(!) 투정을 부린 적이 있었다. 그런데 그 일을 계기로 선생님께 내 고민들에 대한 조언을 구하는 일이 많아졌다. 하루는 선생님께서 나를 불러 연기자로서의 삶에 대한 조언을 해 주셨다. 그때 선생님께서 하신 말씀을 아직도 생생하게 기억하고 있다.

"그 어느 최고의 스타도 평생 스타일 수는 없는 거야. 그러니 인혜도 지금부터 20년, 30년 후의 네 모습을 그리면서 살아야 한다. 그 때에 너에게 가장 좋은 직업이 무엇일지를 고민해서, 그 일을 위한 준비를 지금부터 시작해야만 한다."

스스로 만족할 수 있는 삶이 가장 행복하다

미래에 대한 나의 고민은 거의 일 년 넘게 계속되었다. 고민을 거듭한 결과는? 나는 결국에는 연기를 더 열심히 하기로 마음을 먹었다. 그런데 내가 긴 고민 끝에 연기자로 돌아오기로 결심한 이유는 아주 단순했다. 내가 정말 좋아하는 것, 그것이 바로 연기라는 게 나의 이유였다.

일단은 내가 죽을 때 내가 해 온 일에 대한 후회가 없어야 한다는 생각이 있었다. 조금 더 잘할 수 있었는데 혹은 좀 더 해 볼걸 하는 후회가 남는다면 안 된다고 다짐했다. 나는 일의 결과가 어찌되었든 스스로 최선을 다했다는 기분을 가져야만 만족할 수 있으리라고 생각했고, 그래야만 후회가 남지 않을 것임을 알았다. 그렇다면 그렇게 최선을 다하고 싶은 일이 무엇일까? 바로 연기였다. 생각을 거듭해도, 20년, 30년 후에도 내게 행복을 줄 직업은 연기자였다.

깊은 고민의 시간을 통과한 뒤, 다시금 연기자의 꿈을 갖게 되자 이전에 연기를 할 때와는 마음가짐이 달라져 있었다. 나는 새로이 다짐했다. 지금까지는 연기에 내 모든 걸 쏟아부은 적이 없었으니, 이제는 정말이지 후회 없이 열심히 해 보자는 각오가 생겼다. 그리고 연기자들이 쉽게 사로잡히기 마련인 주연에 대한 집착에서도 자유로워질 수 있었다. 주연이 아니라 조연이나 단역이라도 그 역할 너무 좋다 싶으면 하리라고 결심했다. 내가 행복을 느낄 수 있는 일에 최선을 다하는 것, 바로 그것이 나의 최고의 목표가 되었으니 말이다.

그렇게 흔들리던 내 마음을 다잡은 후 처음 시작한 연기가 바로 〈쾌걸춘향〉에서의 한단희 역이었다. 기쁘게도 작품은 성공을 거

두었고, 내가 연기한 캐릭터에 대한 칭찬도 많이 들었다. 지금까지도 내가 한단희를 연기했던 것을 기억해 주시는 분들이 많이 있다.

아마도 작품에 임하는 나의 마음가짐이 좋은 방향으로 변화하였기 때문에 결과도 좋았을 거라고 믿는다. 나는 〈쾌걸춘향〉에 이어 〈황진이〉에도 캐스팅되고, 그 이후에는 앞서 소개한 오디션을 통해 〈황금사과〉에도 캐스팅이 되었다. 그 오디션에서 내가 초심으로 돌아가 새로운 마음으로 도전할 수 있었던 것은, 생각해보면 대학 3학년 때의 고비 이후 보다 단단해진 내 마음가짐 덕분이었던 것 같다.

고비를 실패로 여기고 좌절하는 것은 자기 자신에게 전혀 약이 되질 못한다. 갑자기 성적이 떨어졌을 때도 마찬가지다. 성적이 떨어진 것은 그저 하나의 신호일 뿐이다. 그것은 이전의 습관이나 방법에서의 잘못을 점검하며 마음을 다잡고 새롭게 도전하자는 신호인 것이다. 우리는 그 신호를 실패의 신호로 여기고 좌절해서는 안 된다.

고비는 그것을 어떻게 극복하느냐에 따라서, 나중에 몇 배의 성과로 돌아올 수 있다. 서너 배의 결과 혹은 최상의 결과를 얻는 것은 바로 고비를 어떻게 극복하고, 그것을 통해 얼마나 발전하느냐에 달린 것이다. 그러니 성적이 떨어졌을 때든, 꾸준한 노력에도 불구하고 성적이 멈춰 있을 때든, 혹은 공부를 그저 포기하고만 싶을 때든, 고비가 찾아왔을 때는 그 고비가 바로 희망이라는 것을 깨달아야 한다.

배우 생활이
알려 준 지혜

처음 연기자 활동을 시작할 때는 대부분 그토록 꿈꾸던 일을 시작한다는 흥분에 사로잡혀 먼 훗날에 이 일의 마무리를 어떻게 할 것인가에 대해서는 생각하지 않는다. 꼭 연기자의 경우뿐만 아니라 우리는 흔히 대부분의 일들을 그렇게 시작하곤 한다. 하지만 어떤 일이든 시작과 함께 마무리에 대해서도 진지하게 생각해 볼 필요가 있다.

　나는 대학에 들어가서야 잠시 멈춰 그동안의 활동을 돌아 볼 기회를 가졌다. 당시에 했던 생각 중에 하나가, 연기를 오래한다는 것이 정말로 어려운 일이라는 것이었다. 스타가 되는 것도 힘들지만 연기를 오래한다는 것도 그만큼 힘든 일이라는 것을 깨달았다. 나는 그때 비로소 연기를 오랫동안 계속하시는 선생님들을 사람들이 존경하는 이유를 절실하게 깨달았다.

  만약 불꽃놀이의 폭죽처럼 한순간 화려하고 타고 그만둘 것이라면 마무리에 대한 고민에 사로잡히지 않아도 좋을 것이다. 일시에 가장 밝고 화려하게 타오를 준비만을 하면 되니까. 그러나 진실한 꿈이 한순간의 화려한 빛으로 그치기에는 아쉽지 않을까? 나는 친구들에게 불꽃놀이의 화려한 빛보다도 오래도록 타오르는 모닥불을 꿈꿔 보라고 말하곤 한다. 그런데 모닥불과 같은 존재가 된다는 것은 결코 쉬운 일이 아니다. 화려한 불꽃이 되는 것보다 더 오랜 시간의 준비와 정성이 필요한 것은 물론이고, 자신만의 고유한 전문성을 반드시 갖춰야만 한다.

나만의 경쟁력을 키워라

모닥불과 같은 존재가 되기 위해 전문성을 갖춰야 한다는 것은 무슨 말일까? 누구나 모닥불 앞에 앉아 불꽃이 타오르는 모습을 바라본 적이 있을 것이다. 모닥불을 오래 피우기 위해 필요한 것이 한 가지 있다. 불이 꺼지지 않도록 잔가지들을 계속 넣어 주는 일이다. 불을 살리기 위해 던져 넣는 잔가지들을 끊임없이 모으는 힘이 바로 전문성이다. 그리고 앞에서도 말했지만, 아이돌 스타가 영원히 아이돌로 존재할 수 없고, 연기자가 같은 느낌과 비중의 역할을 계속할 수는 없다. 시간이 흐르고 나이가 드는 것에 따라, 그리고 시대가 요구하는 모습에 따라 스타도 계속 이미지를 변신해야 한다. 그 변신의 타이밍에서, 꺼지지 않고 생명력을 유지할 수 있는 힘이 바로 전문성이다.

가수나 연기자를 꿈꾸는 친구들은 주로 매니지먼트 회사에 소속되어 활동을 준비한다. 그곳에서는 지망하는 분야에 따라 노래, 춤, 연기 등을 훈련시킨다. 그런데 매니지먼트 회사에서 시키는 것은 딱 그때에 필요한 콘셉트에 맞는 노래나 안무이다. 그것을 소화할 수 있다고 해서 나중에 무엇이든 잘할 수 있는 능력이 개발되지는 않는다. 그 콘셉트가 식상해지면 그때에 연습한 것들은 생명력을 잃고 만다. 물론 그 전에 매니지먼트 회사에서는 새로운 콘셉트의 노래나 안무를 준비해 훈련을 시킬 것이다. 하지만 이런 식으로 매니지먼트 회사에서 시키는 것만을 연습하다 보면 결국에는 스스로 자신의 길을 만들어 나가는 힘은 얻지 못하고 만다.

자신이 피워 올린 불을 지키기 위해서는 끊임없이 탈것을 넣어 불씨를 새로이 일으켜야 한다. 경쟁력 있는 특기를 개발하거나 늘 새로운 시도를 해야 한다. 배우라면 어떤 역할이든 소화할 수 있는 전문성을 키워서 언제든 이미지 변신이 가능하도록 준비해야 하고, 새로운 장르, 남다른 콘셉트를 늘 연구해야 한다. 또한 노래나 춤 등 다른 특기가 있다면 그것을 더 개발하는 것도 좋다. 가수의 경우에도 마찬가지다. 연기에 재능이 있다면 연기도 훈련한다거나 가창력이 뛰어나다면 보컬 트레이너가 되는 과정을 배우는 등 자신만의 새로운 특기를 계속 익혀야 한다. 그렇게 끊임없이 자신을 연마하는 능력이 바로 전문성이다. 그리고 그러한 역량을 지닌 사람이 바로 전문가이다. 이처럼 아름다운 마무리를 꿈꾸는 사람이 갖춰야 할 생명력의 토대는 바로 전문성이다.

건강을 사수하라

건강이 중요하다는 말을 하면 한창 혈기 왕성한 친구들은 별로 와 닿지 않아 한다. '건강이 최고다.'라는 말이 나이 든 사람의 말처럼 들리기도 할 것이다. 하지만 건강을 강조하는 것은 내 경험에서 우러나서 하는 말이며, 실제로 아무리 강조해도 부족하다. 열정을 키우고, 주어진 순간순간에 최선을 다하는 마음가짐은 두말할 필요도 없는 성공의 조건이다. 그런데 그것만큼이나 중요한 것이 평소에 건강을 관리하는 노력이다.

〈학교 3〉를 촬영할 때다. 남자아이들과 설악산 자전거 여행을 하는 장면을 촬영하고 있었다. 높고 구불구불한 언덕들을 넘어 설악산으로 향하는 장면인데, 장면의 내용도 그렇지만 촬영 자체도 강행군이었다. 새벽부터 다음 날 새벽까지 이어지는 촬영을 몇 날 며칠 동안 계속했다. 고된 일정 탓에 체력적으로 무리가 왔지만 나는 정신력으로 겨우 견디고 있었다. 그런데 마지막 장면의 촬영을 앞두고 일이 터지고 말았다.

마지막 장면은 주인공들이 일출을 맞는 장면이었다. 새벽 4시부터 촬영을 시작해 정확히 해가 뜨는 시각에는 촬영을 완료해야만 했다. 그런데 갑자기 배가 아프기 시작했다. 평소에 겪어 본 복통 수준이 아니었다. 몸을 일으킬 수조차 없을 정도의 통증에 토가 나오고 몸이 부들부들 떨릴 정도였다. 스태프들은 모두 현장에서 촬영 준비를 마치고 내가 숙소에서 나오기만을 기다렸다. 나 역시 곧장 촬영장으로 가고 싶은 마음이 굴뚝같았지만, 도저히 몸을 일으킬 수가 없었다. 배를 움켜 쥔 채 식은 땀을 비처럼 흘리고 있는데, 그때 감독님께서 숙소로 나를 찾아오셨다. 거의 기절하기 직전인 내 표정을 보더니 감독님도 할 말을 잃으셨다. 하지만 감독님도 알고, 나도 알고 있었다. 지금 당장 촬영을 시작해야 한다는 것을.

결국 감독님께서는 나를 업고 촬영장까지 데리고 가셨고, 나도 마지막 정신력을 불태워 촬영을 마쳤다. 그리고 마지막 촬영을 마친 것을 축하할 겨를도 없이 나는 병원으로 실려 갔다.

내가 건강 관리의 중요성을 깨달은 것은 바로 그날 끔찍하게 고

생을 한 덕분이었다. 연기자는 대부분 제 시간에 잠을 못 자고, 끼니 때 밥을 먹지 못하는 생활을 한다. 게다가 다이어트를 해야 하는 상황이 되면 그나마 챙겨 먹는 식사량도 줄여야

한다. 그러다 보니 체력이든 건강이든 상하기가 쉽다.

불가피한 상황이라고 해서 잠과 식사를 거르기를 반복하다 보면, 건강이 무너지는 것은 정말 한순간이다. 내가 설악산 촬영 때 갑자기 실신할 정도의 복통에 시달린 것처럼 말이다. 때문에 건강 관리도 치열하고 철저하게 할 필요가 있다. 건강을 잃는다면 중요한 역할에 캐스팅되어도 기회를 잃을 수도 있는 것이다.

건강을 지키기 위한 가장 효과적인 비결이 있다. 바로 끼니를 거르지 않는 것이다! 연기자가 아닌 친구들도 제 시간에 잠을 못 자고, 제 때 밥을 먹지 못하는 일이 자주 있을 것이다. 하지만 자신의 건강은 스스로 챙기는 수밖에 없다. 건강에 좋다는 많은 수단들이 있지만, 대부분은 그것들을 다 챙기기에는 시간적인 여유가 없을 것이다. 아주 번거롭지 않으면서도 가장 큰 도움을 주는 것이 바로

끼니를 챙기는 것이다.

    평소에 지키지 않으면 한순간에 무너질 수 있는 것이 바로 건강이라는 것을 잊으면 안 된다. 그러니 오늘부터 단 한 가지만이라도 철저히 지키기로 다짐해 보자. 절대로 끼니 거르지 않기!

현재의 인연으로 새로운 기회가 찾아온다

혹시 '왕꿈틀이'라는 과자를 기억하는 친구가 있을까? 왕꿈틀이는 내가 어릴 적에 인기 최고의 군것질거리였다. 말랑말랑한 젤리가 지렁이 모양으로 생긴 과자라서 이름이 '꿈틀이'였고, 한 봉지에 기다랗고 굵은 왕꿈틀이가 한 마리씩 들어 있어서 그걸 찾는 재미도 있었다. 당시 인기 최고인 이 과자의 CF를 양동근 선배님과 내가 찍었다. 그런데 CF 오디션 때의 사연이 있었다.

    나는 원래는 '마이구미'라는 과자의 CF 오디션을 봤었다. 마이구미는 왕꿈틀이와 마찬가지로 젤리 과자로서, 마이구미와 왕꿈틀이의 인기는 거의 쌍벽이었다. 어떤 오디션이든 그렇지만, 마이구미 오디션을 앞두고 설레기도 하고 약간 긴장도 되었다. 나는 그만큼 더 열심히 준비를 해서 오디션 장을 찾아갔다. 그런데 오디션을 시작하기도 전에 누군가가 내가 너무 어려서 안 된다는 말을 하는 것이었다. 열심히 준비를 해온 나는 연기를 시작하기도 전에 그 말을 듣게 돼서 속이 상했다. 하지만 이왕에 오디션을 보는 것이니 주눅이 들거나 포기하지 말자고 다짐하고, 준비해 간 춤과 노래는 물론이고 내가 마이구미 CF를 찍고 싶은 이유까지 야무지게 말을 했다. 그리고 얼마 후 연락이 왔는데 결과는 '꽝'이었다.

그런데 그때 감독님께서 나를 기억하고 계셨나 보다. 다음 CF를 찍을 때 내게 같이 하자며 연락을 주셨다. 그렇게 맡게 된 것이 왕 꿈틀이 CF였다. 나는 그 덕분에 한동안 사람들에게 '꿈틀이' 라는 애칭으로 불리기도 했다. 그리고 광고의 성공으로, 이후 일 년간 오리온 제과의 전속 모델로 활동하게 되었다. 마이구미 CF 오디션 때 바로 좌절하지 않고 더욱 열심히 했던 것이 내게 기회를 만들어 준 것이었다.

초등학교 6학년 때는 이런 일이 있었다.

나는 세종문화회관에서 공연한 뮤지컬 〈지붕 위의 바이올린〉에서 막내딸 빌케 역을 맡았다. 그런데 내가 맡은 역할은 대사가 몇 마디밖에 되지 않았다. 서운한 마음이 없지는 않았지만 그래도 잘하고 싶은 마음이 더욱 컸고, 최선을 다해서 배울 수 있는 한 많이 배우겠다고 다짐을 했었다.

    나는 내 연습이 끝난 후에도 옆 친구와 수다를 떨거나 딴 짓하는 법 없이 다른 배우들의 연기까지 열심히 보고 듣곤 했다. 그리고 비디오 테이프를 재생시켜 보면서까지 연습을 거듭했다. 그러다 보니 나는 내 역할 외에도 주인공인 큰언니 역의 노래와 대사는 물론 춤까지 외우게 되었다. 비록 나의 역할은 아니었지만 시간이 날 때면 큰언니 역의 노래를 불러 보고 춤도 따라해 보곤 했던 탓이었다.

    이후에 어느 드라마 오디션을 준비하면서, 나는 큰언니 역할의 연기를 준비했다. 그리고 오디션 장을 뛰어다니다시피 하면서 그 장면을 연기했다. 결국 나는 그 드라마의 주연으로 캐스팅되었다. 나의 역할은 아니었지만 틈틈이 연습해 둔 뮤지컬의 한 대목으로 주연 역할까지 얻은 것이었다. 그 오디션을 통해 캐스팅되었던 드라마가 바로 〈학교 3〉이었다.

    왕꿈틀이 CF에 발탁된 일이나 큰언니 역을 연습한 덕분에 드라마 오디션에서 주연을 얻은 경험은, 내게 작은 일에도 최선을 다하면 그것이 언젠가 큰 기회를 가져다 준다는 것을 깨닫게 해 주었다. 작은 기회라고해서 적은 노력만은 한다면 나중에 큰 기회를 차지할 수가 없다. 지금의 기회가 나중에 새로운 인연으로 연결될 수 있다는 것을 기억하고 늘 최선을 다한다면, 언제든 행운 아닌 행운이 찾아올 것이다!

스트레스를 극복하는 현명한 방법

스트레스가 생겼을 때 우리가 흔히 찾는 방법은 도피이다. 이것저것 괴로운 일들이 파도처럼 닥쳐 올 때 이렇게 말해 본 적이 있다면 동감할 것이다.

"아, 몰라. 게임이나 하자."

게임을 꼭 재밌어서 하는 게 아니라 아무 생각도 안 하고 시간을 보내고 싶어서 할 때도 있으니까. 그런데 이렇게 스트레스를 피해 아무 생각도 안 할 방편을 찾는 것은, 순간적인 모면은 될 수 있지만 결코 스트레스 자체를 극복해 주지는 않는다. 언젠가는 게임을 끝내고 현실로 돌아가야 하듯이 말이다.

스트레스를 극복하지 못하고 순간적으로 모면할 방법만을 찾다 보면, 스트레스의 원인은 점차 자라나 나중에는 큰 시련의 원인이 되기도 한다. 내가 생각하는 스트레스를 극복하는 현명한 방법은, 괴로운 상황에서 빨리 벗어날 생각 대신 오히려 그 상황을 곱씹고 소화시키는 것이다.

나는 일주일에 한 번에 성당엘 가는데, 미사를 드리고 나서 나 자신에게 있었던 힘든 일들을 곱씹으며 갈등을 극복하기 위해 차분한 시간을 갖곤 한다. 내가 잘못한 점을 생각하며 자숙을 하고, 내가 처한 상황을 헤쳐 나갈 힘을 구하는 기도를 올린다. 내가 다른 성인들이 주로 그러듯 술을 마시거나 일탈을 하는 것보다 성당에서의 기도와 자숙의 시간을 통해 갈등을 푸는 이유는, 그것이 진정으로 스트레스를 극복할 힘을 주기 때문이다.

    이런저런 힘겨운 일들로 인해 마치 속이 체한 것만 같을 때, 그러한 기분에서 즉시 벗어나려고 쉬운 방편을 찾는 것은 그다지 현명한 방법이 아니다. 그보다는 체한 것이 내려가길 기다리듯 스스로를 응시하는 시간을 갖는 것이 진정한 치유가 되어 준다.

기다림의 여유를 배워라

방송 활동에 있어 가장 중요한 것 중 하나가 기다림이다. 촬영을 할 때도 한 번 찍고 기다리고 또 한 번 찍고 기다리는 일이 반복되기 때문에 그 시간이 굉장히 지루할 수 있다. 그리고 한 작품이 끝나면 또 다른 작품을 기다려야 한다. 그래서 늘 기다리는 시간이 생기기 마련인데, 그 시간을 잘 보내는 것이 중요한 연기자 생활의 조건이 된다.

그래서 어떤 선배님들은 연기자 생활의 필수조건이 '기다림'이라고까지 말씀하신다. 또 어느 감독님께서는 이런 말씀을 하신 적이 있다. 사람마다 기다리는 시간이 다를 뿐 누구에게나 한 번씩의 기회가 오기 마련이며, 그 기다림의 시간에 따라 누구는 빨리 성공하고 누구는 늦게 성공하는 것뿐이라고. 하지만 그 시간이 워낙 힘들기 때문에 끝까지 기다리지 못하고 도중에 포기하는 사람이 있다는 말씀이었다.

그래서 기다릴 줄 아는 마음, 즉 여유를 갖는 것이 중요하다. 촬영을 하다가 중간에 기다리는 시간이 길어지다 보면 짜증이 나고, 그러다 보면 연기를 하는 기회가 주워졌을 때도 불만이 생겨 투덜거리는 경우가 종종 있다. 하지만 불만에 사로잡혀 있을 때는 촬영의 결과도 나빠지고 만다. 그리고 한 작품의 촬영을 마치고 나면, 바로 다음 작품을 시작해야 한다는 조급함이 생기기도 한다. 하지만 그동안의 내 경험에 비춰봤을 때, 여러 작품을 연이어 하는 것도 중요하지만 한 작품을 하고 자신의 부족한 부분을 돌아보며 점검하는 시

간을 갖는 것이 오히려 연기를 오랫동안 할 수 있는 방법이라는 것을 알게 되었다. 연기자에게도 늘 발전이 필요하기 때문이다. 그래서 여유를 갖고 기다림의 시간을 잘 활용하는 것이 중요하다.

여유 없이 촬영에 임하다 보면 연기에 대한 간절한 마음을 유지하기가 굉장히 힘들어진다. 나 역시 연기를 오랫동안 했음에도 불구하고, 지금처럼 〈골드 미스가 간다〉나 〈순위 정하는 여자〉 등의 프로그램과 지방 촬영이 많은 드라마 〈전우〉 촬영을 위해 정신없이 다니다 보면, 그저 하루만 쉬고 싶다고 생각할 때가 있다. 육체적으로나 정신적으로 스트레스를 많이 받는 직업인데다 항상 시간에 쫓겨 가며 일을 하다 보니 피로한 틈을 타서 불만이 생기는 것이다.

방송 활동뿐만 아니라 우리의 삶에서도 마찬가지이다. 매순간 치열하게 임하되, 이따금 찾아오는 기다림의 시간에는 조급함 대신 여유를 갖고 자신의 부족한 점을 점검하거나 시들어 가는 열정을 다시금 일깨우는 기회로 삼는 것이 중요하다. 기다림을 재충전의 기회로 삼는 그러한 지혜가 발전을 위한 비결이기 때문이다.

인혜의 뷰티 스타일링~!

날씬한 몸매와 깨끗한 피부를 원하십니까? 그럼 제가 도와드리겠습니다.

요즈음은 여학생뿐만 아니라 남학생도 외모 가꾸기에 관심이 많다. 특히 남녀 구분할 것 없이 다이어트에 대한 관심이 크다. 그런데 다이어트, 이게 말처럼 쉽지가 않다. 그래서 인혜가 여러분을 위해 먹으면서 살을 빼는 핵심적인 노하우를 공개한다. 내가 많은 시행착오를 거치며 직접 확인한 노하우이니 완전히 믿어도 된다. 이렇게 말하니 무슨 약장수 같지만.

첫째, 다이어트에 있어서 기본 중에 기본은 바로 규칙적인 식사이다. 식사를 한 번 거르면 그것은 바로 다음 번 식사에서 과식으로 연결된다. 그리고 밥을 거르면 출출한 속을 달래고자 간식을 먹곤 한다. 그렇게 과식과 간식 섭취로 이어지는 악순환은 다이어트를 망치는 가장 큰 적이다. 그러니 무엇보다도 제때에 알맞은 식사를 할 것!

둘째, 밥보다는 반찬을 많이 먹어라. 살이 찌게 하는 주요 영양소는 탄수화물이다. 탄수화물은 밥에 많이 들어 있다. 그래서 탄수화물 섭취를 적당하게 조절하면 살이 찌는 것을 막을 수 있다. 끼니 때 밥보다 반찬을 많이 먹는 것이 다이어트에 도움이 된다. 단 짜게 먹으면 안 된다. 그리고 부담스러운 반찬은 가급적 피하는 것이 좋다. 멸치, 김, 미역, 브로콜리 등의 반찬을 골고루 먹고, 된장찌개나 김치찌개

처럼 부담 없는 요리를 주로 먹도록 하자.

자, 이제 몸매를 가꾸는 요령을 알았으니 피부에 신경 쓸 차례다. 피부 관리에 있어서 가장 심란한 것은 바로 여드름이다. 학창 시절에는 특히 여드름 때문에 고민스러울 때가 많은데, 여드름 관리에 있어서 가장 중요한 것은 절대로, 어떤 일이 있어도 절대로, 짜지 않는 것이다!

여드름은 호르몬이 왕성한 시기가 지나면 저절로 진정이 되기 마련이다. 하지만 여드름을 짜느라 피부에 생긴 흉터는 계속 남는다. 여드름, 지금 당장은 심란해도 절대 손대지 말자. 시간이 지나면 여드름은 없어지고 백옥 같은 피부만 남게 된다는 믿음을 갖고 참고 또 참을 것! 그 덕분에 지금까지 고운 피부를 유지하고 있는 나의 오빠가 바로 산 증인이다.

그리고 또 한 가지 명심할 것. 피부 관리를 위해서는 시중의 제품보다는 천연 재료를 많이 이용하는 것이 좋다. 칙칙한 피부를 화사하게 해 주는 레몬이나 모공을 축소시키고 피부 트러블을 방지하는 율피나 피부를 탱탱하게 해 주는 구기자 등, 피부를 심하게 자극하지 않으면서도 건강한 재생을 돕는 천연 재료들을 많이 활용하자. 그리고 피부가 특히 예민한 편이라면 천연 재료 팩에 감초를 섞어 주면 트러블 방지에 효과가 좋다.

꿈이 무엇이든
공부가 기본이다

 꿈이 무엇이든 공부가 기본이라는 생각을 품은 것은 연기자 생활을 병행한 학창 시절을 통해서였다. 언젠가 나는 학창 시절에 내가 연기와 공부를 병행하느라 시간이 없다는 이유로, 혹은 둘 중에 하나만 잘하면 될 거라는 생각에서 공부를 포기했다면 어떻게 되었을까 하고 생각해 본 적이 있었다. 그런데 그 생각을 통해 내가 다시금 확신한 것은 공부는 나의 당연한 본분이었으며 공부를 통해 실제로 내가 소중한 것을 많이 얻었다는 것이었다.
 첫째, 나는 공부를 통해 시야를 넓힐 수 있었다. 일단 나는 공부를 놓지 않은 덕분에 많은 친구들과 어울릴 수 있었고, 그 친구들의 관심사나 주력하는 분야들을 접할 수 있었다. 내가 다양한 세상을 보지 못한 채 성공하고자 하는 분야의 한 가지 목표만을 바라보

앉다면 사고의 폭도 좁아지고, 인생에 대한 고민이나 직업에 대한 생각도 협소해졌을 것이다. 나와는 환경이 다른 여러 친구들과 같은 고민을 하며 어울렸던 학창 시절은 내게 더 넓은 세상과 다양한 관심사를 가르쳐 주었다.

그리고 나는 연기자 생활을 병행하면서도 학교생활만을 하는 친구들과 달리 내가 특별하다는 생각을 한 적이 없었다. 나는 언제나 내 또래 아이들의 일상과 고민을 함께 나누는 사이였다. 그런데 나만의 동떨어진 세상에서 사는 것이 아니라 항상 친구들과 공통분모를 나누다 보니 나는 오히려 자유로운 가치관과 습관들을 지닐 수 있었다. 연기자 중에는 사생활의 영역에서나 심지어 집 앞에 잠시 외출할 때도 사람들이 자신을 어떻게 바라볼지를 두려워하는 사람들이 많은데, 나는 친구들과 자연스레 어울린 학창 시절의 경험 덕분에 그러한 걱정에서도 자유롭게 되었다.

둘째, 나는 공부를 통해 나의 성향을 파악할 수 있었다. 나는 원하는 성과를 내기까지 남보다 시간이 걸린다는 점이

었다. 예를 들어 성적의 경우에도 나는 늘 뒤로 갈수록 좋은 성적이 나왔다. 1학기 때보다 2학기 때 성적이 좋고, 중간 고사 때보다 기말 고사 성적이 좋은 식이었다. 내가 스타트보다는 마지막 피날레를 잘 장식한다는 것을 공부를 하면서 느꼈기 때문이다. 다른 사람들이 나보다 출발이 빠르더라도 그들의 페이스에 휘말리지 않고 천천히 꼼꼼히 실력을 쌓는 나만의 페이스로 가면 된다는 믿음을 지닐 수 있었다. 나의 장점은 인내가 끈기라는 것을 알았기 때문에 남보다 뒤처지는 상황에서도 조급하거나 불안하지 않았다. 나는 처음 시도했을 때 원하는 결과를 얻는 경우보다 꾸준히 도전했을 때 원하는 결과에 도달하는 '느린 아이'라는 것을 알기 때문이었다.

이따금 나보다 데뷔가 늦은 친구들이 더 빨리 성공하면 불안하지 않느냐는 질문을 받을 때가 있는데, 전혀 그렇지 않다고 자신 있게 말할 수 있는 것도 바로 그 이유가 아닐까 싶다. 비록 남들보다 속도가 느릴지라도 마지막엔 좋은 결실이 있을 거라는 희망을 공부의 경험을 통

해 얻었기 때문이다.

셋째, 나는 엄청난 운을 꿈꾸는 대신 꾸준히 노력하는 삶의 가치를 공부를 통해 배웠다. 노력한 만큼의 결과가 가장 정직하게 반영되는 것이 바로 공부가 아닐까 싶다. 그리고 열정과 노력 없이 꿈만 꾸는 것으로는 아무런 향상도 이뤄 낼 수 없는 것이 공부이다. 공부는 꿈을 쳐다보면서 운에만 기대는 것이 얼마나 쓸데없는 일인지를 가르쳐 주었다. 열정적으로 노력하고 그 노력의 결과를 기다리는 것이 아름다운 일이라는 것을 가르쳐 준 것이 바로 공부의 경험이었다.

성적이 나오지 않을 때도 좌절할 필요가 없는 것은 바로 그런 이유 때문이다. 결과가 원하는 바와 다를 때에는 나의 노력이 얼마나 부족했고 어떻게 잘못되었는지를 점검하면 되는 것이다. 노력을 다하고 정직한 결과를 기다리는 자세, 그것은 공부가 가르쳐 주는 바람직한 삶의 자세이다.

넷째, 나는 공부를 통해 새로운 길을 만들어 나갈 힘을 얻었다. 정상에 오르는 길은 여러 가지이다. 그런데 우리는 흔히 다른 사람들이 걸어간 길을 따라 정상에 가고자 한다. 하지만 누군가의 뒤를 따라가는 것보다 자신만의 길을 만들어 가는 일은 훨씬 더 큰 뿌듯함과 보람을 준다. 비록 자신만의 길을 만들어 가는 일이 시간도 오래 걸리고 체력적으로나 정신적으로 힘들겠지만 그 성취감과 자신감은 이루 말할 수 없다.

　나는 공부를 놓지 않은 덕분에 연기자 생활을 하면서도 나만의 장점을 가질 수 있었다. '엄친딸'과 같은 수식어가 생긴 것도 그 덕분이다. 비록 공부와 연기를 병행하는 것이 쉬운 일이 아니었고 또한 이미지가 굳어질 수 있다는 이유로 주변에서 우려하는 일도 있었지만, 결국에는 나만의 장점을 만들어 준 것이다. 이와 같이 공부는 나만의 길을 만들어 나가는 일의 가치와 보람을 알게 해 주었다.

감사의 말

수줍어서 손도 못 드는 내게 많은 발표를 시켜 주시며 칭찬을 아끼시지 않으셨던 초등학교 3학년 이재학 담임 선생님, 흰 우유를 안 먹어서 얼굴이 까맣다며 처음에는 구박을 하셨지만 나중에는 내가 반장의 역할을 열심히 하는 모습을 지켜보시면서 많은 응원을 해 주셨던 초등학교 5학년 김순희 담임 선생님, 내가 졸업식에서 받아야 할 상을 부당한 이유로 못 받게 되자 나보다 더 가슴 아파 하셨던 박미경 미술 선생님, 국어에 흥미를 갖게 해 주신 중학교 1학년 김상희 담임 선생님, 한 학기 내내 미움을 받던 내게 꿈처럼 나타나셨던 중학교 2학년 이남진 담임 선생님, 졸업식 답사 사건 때 양호실에서 함께 눈물을 흘려 주셨던 중학교 3학년 김미영 담임 선생님과 강호경 선생님, 험상궂은 외모와는 달리 인자하게 나의 방송 활동을 응원해 주셨던 故 류복희 교장 선생님, 내 승부욕을 북돋기 위해 늘 친구들 몰래 등수를 보여 주셨던 고등학교 1학년 이주용 담임 선생님, 인혜는 졸아도 엎드려 자는 일은 없다며 칭찬해 주신 고등학교 2학년 박우상 담임 선생님, 매일 아침마다 신문 사설노트를 만들어 주셨던, 언어 영역 성적의 일등공신 곽동엽 국어 선생님, 등굣길에 늘 따뜻한 조언을 잊지 않으셨던 심상일 선생님, 학생회 엠티 때 첫사랑 얘기 듣다가 내가 졸았다며 투정을 부리셨던 이제영 선생님, 시험 때마다 지겹도록 찾아가도 늘 성심껏 가르침을 주셨던 남궁광석 선생님과 심정보 선생님 그리고 김양수 선생님 10년 동안 내가 늘 새로운 도전을 할 수 있게 해 주신 고려대학교 신문방송학과 최현철 교수님, 그리고 얼짱 신사 김성태 교수님, 유머의 최고봉 허철 교수님, 미소 천사 심재철 교수님, 변함없는 김승현 교수님 감사합니다. 선생님들 덕분에 이렇게 멋진 책을 낼 수 있는 행운을 얻었습니다. 항상 감사한 마음 잊지 않겠습니다.

그리고 마지막으로, 아무도 내게 기대하지 않을 때에도 유일하게 나를 믿고 강력한 희망을 주셨으며 지금도 끊임없이 주고 계신, 내가 살아가는 목표이자 수호천사인 나의 엄마 임영순 교수님 그리고 아빠, 오빠 진심으로 감사합니다. 그리고 사랑합니다.

이인혜의 꿈이 무엇이든 공부가 기본이다!

펴낸날	초판 1쇄 2010년 5월 20일
	초판 14쇄 2015년 3월 9일
지은이	이인혜
펴낸이	심만수
펴낸곳	(주)살림출판사
출판등록	1989년 11월 1일 제9-210호
주소	경기도 파주시 광인사길 30
전화	031-955-1350 팩스 031-624-1356
홈페이지	http://www.sallimbooks.com
이메일	book@sallimbooks.com
ISBN	978-89-522-1431-7 43040

※ 값은 뒤표지에 있습니다.
※ 잘못 만들어진 책은 구입하신 서점에서 바꾸어 드립니다.